U0932788

人人都该懂的100个品牌保护常识

张月梅·著

浙江工商大学出版社 ZHEJIANG GONGSHANG UNIVERSITY PRESS | 杭州

图书在版编目（CIP）数据

人人都该懂的 100 个品牌保护常识 / 张月梅著 . —杭州 : 浙江工商大学出版社 , 2019.11

ISBN 978-7-5178-3319-2

Ⅰ . ①人… Ⅱ . ①张… Ⅲ . ①商标—品牌管理—知识产权保护 Ⅳ . ① D913.4

中国版本图书馆 CIP 数据核字 (2019) 第 138443 号

人人都该懂的 100 个品牌保护常识
RENREN DOU GAIDONG DE 100 GE PINPAI BAOHU CHANGSHI
张月梅　著

责任编辑　徐　凌
封面设计　可圈可点工作室
责任印刷　包建辉
出版发行　浙江工商大学出版社
（杭州市教工路 198 号　邮政编码 310012）
（E-mail:zjgsupress@163.com）
（网址 :http://www.zjgsupress.com）
电　　话　0571-88904980　88831806（传真）
排　　版　夏　天
印　　刷　北京万博诚印刷有限公司
开　　本　787mm × 1092mm　1/16
印　　张　16.75
字　　数　215 千
版 印 次　2019 年 11 月第 1 版　2019 年 11 月第 1 次印刷
书　　号　ISBN 978-7-5178-3319-2
定　　价　58.00 元

浙江工商大学出版社营销部邮购电话 0571-88904970

目 录
contents

1

市场上一个品牌，法律上万件商标

世界品牌实验室（World Brand Lab）发布的2018年世界品牌500强榜单显示，有品牌入选的28个国家中，第一名美国有223个品牌，第二名法国有43个品牌，中国共有38个品牌入选，包括国家电网、腾讯、海尔、中国工商银行、五粮液等。

世界品牌实验室是一家总部设在美国纽约的独立品牌评估及行销策略咨询机构，成立于2003年，成立后每年发布一次世界品牌500强榜单。能入选该榜单的都是我们耳熟能详的大品牌。当然也不排除存在大品牌没上榜的情况，毕竟打分排名这种事情，取决于打分人的价值观，有所取舍也正常。

据说世界品牌实验室制榜时的评判依据是品牌的世界影响力，即品牌开拓市场、占领市场并获得利润的能力，其中的三项关键指标是市场占有率、品牌忠诚度和全球领导力。

实际上，这个评判依据的内核就是市场。品牌因市场而生，由市场而成，凝结于品牌上的所有商誉和价值都通过市场而得。用一句话概括就是，品牌是一个市场概念。

市场是动态的、融合的、边界模糊的、规模不定的，所以品牌的商誉、价值、受众和涵盖范围也是不断变化的。世界范围内都知名的是品牌，流行于一村一镇的也可以是品牌。百年老字号如“茅台”是品牌，一夜成名的“加多宝”

也是品牌。

品牌是市场的产物。人们通过自己依赖和熟悉的品牌，可以轻松地从市场上获得有品质保证的商品和服务，从而保证自己生活的便利和安全。品牌的健康发展与人们生活的顺利安康紧密相联，保护品牌不受侵扰也就是保护人们的生活少受困扰。那么保护品牌应该靠什么呢？我的答案是靠商标。

商标与品牌共享同一个标志，基本功能都是表示商品或服务的来源。但品牌和商标的内涵和外延都有区别，两个概念在大多数情况下也不能相互替代。

比如，就“腾讯”二字来说，作为品牌，全世界就这一个；但作为注册商标，却需要在各个国家分别注册，仅中国就有上千个带“腾讯”字眼的商标。品牌可以跨越国界自由“飞翔”，而商标却只能局限在国境之内规矩“行走”。

相较于品牌，商标是个更为严肃的法律概念，内涵明确，权利清楚，边界稳定。

品牌可以是泛指，如互联网行业的“腾讯”品牌；而商标则非常具体，一旦确定商品，可以删减，却不能增加，如第 1955468 号“腾讯 Tencent”商标，被指定使用在第 38 类信息传送、移动电话通讯、电信信息、电子邮件、计算机终端通讯、计算机辅助信息和图像传送、寻呼（无线电、电话或其他通讯工具）、传真发送、电讯信息、电话通讯等十项服务项目上。如果想要提供更多的商品或服务，腾讯公司需要重新申请注册商标。在中国内地，腾讯公司在各种商品和服务上注册了上万件商标，如指定使用在第 32 类啤酒等商品上的第 1982814 号“腾讯 Tencent”商标等。

我举腾讯的例子是想告诉大家，一件注册商标的完整表述，决不能缺少的四项内容是注册人、指定使用商品或服务、标志、注册号，这四项每一项都是清楚明确的，除非有特定事由，否则不能随意改动。

商标就是如此严谨、严肃。作为一个专门立法《中华人民共和国商标法》以下简称《商标法》）来规范的法律对象，其确定、撤销、保护等，都有着规范的法律程序，涉及商标活动的每一个环节都是法律事件。但在一般市场情境下，品牌和商标的界限是模糊的。消费者在认牌购物的时候，往往不会区分“海尔”这个标志是品牌还是商标，而企业在使用同一标志的时候——如洗衣机上的“海尔”标志——既可以是对品牌的使用，也可以是对商标的使用。刻意强调商标时，通常就意味着品牌需要得到法律保护了。而真相就是，品牌要想在市场上欢快地跳舞，就必须一直踩在商标法律的节奏上。

2

品牌创建时的法律风险考量

我一直告诉自己，厨房有粮，桌上有书，瓶中有花，这样的好日子，夫复何求？但满足之后，我还想求更多，比如有意思、有意义、有价值的那些事、那些物。一位朋友说，自己就想无所事事地过日子，但他说的无所事事，并不是不做事，而是不做自己不想做的事，只做自己想做的、有意思的事。

哪些事有意思，完全取决于个人的感受。对我来说，讲讲“新时期品牌建设的法律保护问题”就挺有意义。这也是我参加“广西实施商标品牌强桂战略大宣讲”活动中所讲的主题，主要内容是介绍在品牌建设中可能会遇到的法律风险，以及如何避免这些风险。

风险并不是凭空想出来的，在实践中处处能遇到。在广西的这次活动期间，我参观了三家企业，有两家企业在品牌建设过程中遇到了法律问题。其中一家是因为品牌标志选择得不够好。虽然也注册了商标，但不久前被商标评审委员会宣告无效。

企业对此很是头疼，问我能不能让商标评审委员会把裁定收回。我告诉他这不可能，一来商标评审委员会依法做出的裁定不可能随便收回，二来我认为商标评审委员会的裁定没有错。

我很理解企业的痛苦。打造品牌并不容易，本来用得好好的，可商标突然没有了，心里就一下子没了底气。但商标的使用必须符合法律规定。他们当初选择品牌标志时考虑不够周全，便不可避免地会遇到现在的问题。这家企业的商标无效宣告案已在北京知识产权法院进行审理，不管结局如何，败诉的一方都可能会提起上诉。

另一家企业的问题也挺有代表性。他们的企业名称是别人的注册商标，只好一边宣传自己的企业名称，一边注册其他几个相关商标。目前看起来没有什么问题，但风险始终存在，将来他们做得越好，企业在行业里越有名气，就越有可能被别人的商标借光，自己的市场被稀释也就在所难免。

类似这种情况，我的建议是突出使用已经注册的商标，把注册商标打造成业内知名品牌。但目前来看，还是他们的企业名称本身更有名气，风险也一直存在，真为他们捏把汗。都是辛勤做实业、努力创品牌的企业家，真不应该承受这样的法律风险。

品牌是面向市场的，做品牌时，企业家会更多地考虑市场，这没有错。但品牌是个市场概念，凝聚的是商誉，而不是权利。拥有权利的是商标，法律保护的也是商标。品牌和商标虽然常常指同一个标志，但并不是两个完全等同的概念，商标是品牌的法律保护基础。

我一直对做实业的企业家们心存敬意，他们的努力让世界变得更美好。企业家绝对是有所为的人，他们一直在做有意义的事。但不考虑法律风险就创建品牌，这种“勇气”常常会让他们承受不可预料的挫折和损失。而我见过太多这样的纠纷及其背后的委屈、愤怒、眼泪，实在替他们感到担心。

品牌很重要，但从法律意义上讲，商标比品牌更重要。没有商标保护的品牌是无根之树、无基之房，经不起一点风吹雨打。所以我一次次地告诫大家，创建品牌时要考虑的若干因素中，法律风险永远是第一位的。而避免法律风险的正确做法，就是主动学习商标知识，信任和依靠专业人士。

3

关于商标，大老板需要记住的三句话

我在整理知产力（即北京知产力网络科技有限公司）和月梅工作室合办的第一次沙龙发言时很是感慨。三万多字的记录稿如一棵繁茂的大树，树干是商标确权与维权中的困境和困惑，枝丫是从审查员、工商行政执法人员、律师、企业法务、商标代理人等多个角度产生的评点与感受。

站在不同的立场看问题，达成共识很难，但有一点是大家都同意的：大老板思想上的重视，对于企业减少商标问题的产生和顺利解决商标纠纷至关重要。

长年写机关公文的我，非常清楚“领导思想重视”绝不是一句套话和空话。实践证明，无论是政府还是企业，领导重点关注的事情一般都能做好，在商标确权维权的问题上自然也不例外。

喜茶创始人聂云宸曾说过，他的公司品牌一开始叫作皇茶，后来因为商标问题，被迫改名喜茶，并花70万元买下了“喜茶”商标。他还说他绝对重视商标，对商标有很深入的研究。但我想他应该是在商标问题上栽了跟头后才开始重视和研究的。如果在创业之前就已重视和研究商标的话，他应该知道成功注册“皇茶”商标的可能性极小，一开始就不能选择这个商标。（这样可能就不用再花70万元买商标。但不管怎么说这70万元确实解决了他的品牌的商标问题。）

商标授权、确权、维权涉及的问题一直很多，处理难度也相当大，审查员、法官、律师等专业人士在法律适用问题上一直有争议。所以，除非是律所和商标代理所的老板，其他管理者还真没必要深入研究具体的商标问题，因为那要花费太多时间和精力，而且还不一定能研究透彻。所以我认为大老板们只要知道商标很重要，并记住这三句话就可以了：

创建品牌要及时注册商标。

商标注册要符合法律规定。

用好法律维护商标权利。

记住这三点，基本就能做到及时申请商标，避免被他人抢注；选择适合的标识作为商标，避免无法获准注册的情况；遇到商标纠纷时可以以正确方式应对，避免因不懂法律而承担不利后果。

哪怕是知名大公司，很多也是在经历血淋淋的教训之后才重视起商标问题的。美国新平衡公司在打了若干官司后，他们的“New Balance”还是不能继续被叫作“新百伦”。在做了无数“新百伦”鞋的市场推广后，他们现在要做更大量的工作来告诉消费者“新百伦”鞋不是他们的，“New Balance”才是。

无数残酷的事实说明，不管在组建公司和推出产品时考虑的事情有多少，商标问题都是大领导必须关注、重视的。如果老板不重视商标，开拓市场的努力到头来就可能是不知道“为谁辛苦为谁忙，为谁做了嫁衣裳”。

我参加一次业内沙龙活动时，期间有一位法务说，市场部把商品推广计划都印好了，才来问法务部门自己的商标能不能用。这就太晚了，正确的做法应该是开始策划项目时就让法务部门参与进来，把商标问题考虑进去。而要做到这一点，大多时候要靠大老板的重视和提前部署协调。

我没做过法务，但听了他的话，更加确信《商标法》普法的最重要对象是企业的大老板。说到底，“火车跑得快，全靠车头带”，领导思想重视才是关键！

4

注册商标才是创业的第一件事

干一份工作久了，总会时不时地犯一下“三句话不离本行”的职业病。2018 年春节回老家，见了一位开公司的朋友，寒暄一番后，我不由自主地问起她：“你公司的商标注册了吗？”

她的回答还真没有辜负我的提问，“没呢，等我把公司做得再大一点，就去注册。”我只好一五一十地给她普及商标注册的知识和重要性。听完后她感慨道：“多亏遇到了你啊！原来不及时注册商标会有这么多麻烦，过完节我立马去注册。”

虽然我是商标评审委员会的审查员，但告知他人要及时注册商标，已经不只是我的工作内容，更是我日常的举动。对我而言，成就感主要来自让那些抄袭他人、傍靠他人、抢注他人的商标不予注册或者撤销注册，让那些绞尽脑汁、费尽心机钻法律空子、占别人便宜的人不能得逞。维持正义的满足感让人生充满意义。

在大多数案件里，商标权利人自己的失误或者不作为，是让那些不诚不信的人有机可乘的最大原因。这些失误或者不作为，就包括不及时注册商标、不及时续展商标、不及时变更商标注册人地址等各种简单的情形。

曾有一位当事人向我咨询，说自己两年前在村里办了个席垫加工厂，起好了名字，不幸的是开张两个月后厂子起火，一切灰飞烟灭。修整了大半年，工厂重新开张，用的还是之前的名字。

干了一年多后，老乡突然告他商标侵权，要求赔偿。原来大火后他忙着处理后续事宜，这位老乡趁机到商标局申请了他工厂的商标。如今商标获准注册，就反过来告他侵权。

看着当事人恳切又无辜的面孔，我猜测他说的应该是真的。但是我们不能靠猜测审理案件，我们是以事实为依据审理案件的，而事实需要提供证据证明。

“证据？”当事人很无奈地说，“证据都被烧了啊。没有证据，我能怎么办？”

我只好在给他普及一通《商标法》之后，好言相劝：“如果是刚开业不久的话，你就考虑换个商标吧，为了这个商标打官司也是耗时间、耗金钱的。”他感谢了我的耐心解释后，便黯然离去。

并不是只有外行人才不懂得申请注册商标，哪怕是业内人士，在商标问题上懂得的也不一定比别人更多。几年前的“JASON WU”商标案件（以下称诉争商标），是华裔设计师吴季刚（Jason Wu）提起的。这位吴先生声称自己是当今世界最著名的青年华裔时装设计师之一，是高级时装品牌“JASON WU”的创始人。

可是，在中国大陆，在服装商品类别上，杨先生早已提出申请注册这个商标。

好在“知识改变命运”，吴先生及时向商标局提出了商标异议，请求不予该商标核准注册。商标局裁定异议理由不成立后，吴先生又依据2001年颁布的《商标法》向商标评审委员会提出了异议复审，并提交了相应证据。

在复审现场，杨先生表现得不含糊，一直辩称绝无抢注别人商标的意图，该商标绝对是其独创，充其量也就是受到了影视明星 Jason Wu（吴京）的影响，还提供了部分发货单、产品宣传册、画册、宣传单张等商标使用证据。

吴先生当然不服，反驳说杨先生使用的商标不仅在文字部分抄袭了他的姓名及品牌，其图形部分也与其使用的“W”形态相同，还说杨先生曾表示可以将该商标高价转让给吴先生。

双方对质完毕，下一步就要商评委做出裁定了。如果某一方想赢，证据很重要。吴先生提供的证据比较有力，包括他本人及服装品牌的简介和中文翻译，国家图书馆出具的诉争商标申请日之前中国大陆有关吴季刚的中文报纸杂志检索报告，中国香港地区、中国台湾地区有关吴季刚的报纸杂志报道，韩国、日本、美国、印度尼西亚关于吴季刚的报道及中文翻译等。

最后，商标评审委员会经审理认定以下事实：第一，“Jason Wu”系吴季刚的英文名；第二，在诉争商标注册申请日前，吴先生创立了其个人品牌“JASON WU”，并于2006年2月在纽约发布了第一个个人时装系列；第三，2009年1月米歇尔·奥巴马在奥巴马就职舞会上所穿的礼服及2009年3月米歇尔·奥巴马作为 *VOGUE* 杂志封面人物时所穿的服装均由吴先生设计；第四，《羊城晚报》《新民晚报》《经济观察报》《北京晚报》《深圳商报》等30多家报纸杂志均对吴季刚（Jason Wu）及其服装品牌“JASON WU”进行了报道及介绍；第五，“JASON WU”品牌产品包括女装、手袋、首饰、丝巾等，而杨先生为广州市某某商贸发展有限公司法定代表人，该公司经营范围含批发、零售箱包、服饰、饰品等。

在查清事实的基础上，商标评审委员会认为，吴先生提交的证据可以证明其“JASON WU”商标在服装类商品上在先使用并具有一定知名度；杨先生的商标的英文部分与该商标完全相同，并指定使用在与服装等商品同一种或类似的商品上；杨先生作为同行业者，应当知晓吴先生其“JASON WU”品牌，其申请注册“JASON WU 及图”商标的行为已构成 2001 年《商标法》第三十一条所指“以不正当手段抢先注册他人已经使用并有一定影响的商标”之情形。据此，商标评审委员会裁定杨先生的“JASON WU 及图”商标不予核准注册。

其实这样的案件完全是可以避免的，只要吴先生在使用商标时及时提出注册申请即可。及时申请注册商标，不仅可以节省吴先生的时间、精力和金钱，也能节省若干行政人员和司法人员的时间、精力。一举多得，何乐而不为呢？

5

如何让专利产品更值钱

2015 年，一个春日，我参加了周延鹏老师的新书发布会，发现自己是到会嘉宾中少数的几个非专利工作者之一。不过即便是非专业人士，我也听得津津有味。

周延鹏老师把专利的作用表述为“要钱要命”，既直白又直指要害。他的这番比喻让作为商标工作者的我不由地想到，在专利实现“要钱要命”的过程中，商标起到了什么样的作用呢？

在商标确权工作中，涉及专利的情形大多是把外观设计专利拿来注册为商标。像可口可乐等一些国外大公司，常常把包装上的每一部分包括整体的外观设计都拿来注册商标。商家这么做的原因也很简单，外观设计的专利保护期限只有十年，十年后独占权彻底终结。而商标的每一个专用权期限为十年，十年后只要及时续展便可以延长十年，如此循环，独占权便可以永久享有。

我并不支持把外观设计专利拿来申请注册为商标。大部分外观设计过于复杂，不易被识别为商标，实践中大部分这样的申请也被驳回了。但是当事人这种想永久拥有专利发明的独占权的努力，倒是很符合“要钱要命”的宗旨。

其实把外观设计注册为商标既不重要，一般也无必要，但给自己的发明专利设计一个好的商标倒是至关重要。再好的专利最后也都是指向具体的商品和服务的，商标却指向提供这些商品和服务的人（发明者或者使用者）。

人，才是想“要钱”的主体。

商标恰好能告诉消费者这个主体具体是谁，并由此和消费者发生关系，达到“要钱”的目的。当消费者想到那些著名的商标如华为、腾讯时，往往对这些企业的专利也有着相当的信任度。松下电器的很多专利都失效了，但这些失效专利产品在非洲依然比其他企业有更强的竞争力，因为商标依然有效，且值得信任。

好的商标在专利“要钱”上的推动作用，是呈几何式增长的。

事实上，任何一项投入生产并走向市场的专利，都必然是在某个商标的名义下到达终端消费者手里的。专利创新带来的声誉最终也会积累为商标的声誉，而商标的声誉本身就非常有价值，有时甚至超过了专利本身的价值。在“要钱”上，好商标的能力是很强的，但在“要命”上似乎能力有限。注册商标的一大权利就是禁止他人在同一种或类似商品上使用相同或近似的商标。其实，不相同、不相近的选择有着无限可能性，任何人都能找到使用不同商标的一条活路。

但在多年的评审实践中，我却见了太多“宁愿”靠着别人商标生活的人。

我工作的内容主要就是和那些抄、靠、傍知名商标的人斗智斗勇，维护诚实守信的商标所有人的正当权益。好在专利发明人都是些习惯从无到有过程的智者，他们更愿意创造出一个前无古人的商标。原因很简单，商标要不了别人的命，但如果抄、靠、傍知名商标，人家会要了你的命。

真心祝愿每一项想“要钱”的专利都有一个值钱的商标！

6

在商标注册申请上犯拖延症，后果很严重

我有一位同事怀了一对双胞胎，很希望是一男一女，闲聊时，还跟大家讨论是哥哥妹妹好，还是姐姐弟弟好。

我以为各有各的好，但兄妹还是姐弟，取决于出生顺序。我在网上查了下双胞胎谁先出生的问题，答案是顺产时位置在下的那个先出生，如果是剖腹产，则靠近刀口的那个先出生。

其实不管是姐弟还是兄妹，对于当代社会的普通人家来说，终归是相亲相爱，相伴成长的一对孩子，先到者只是得到一个哥哥或姐姐的称呼，并不改变其具体的权利义务关系。

但在法律意义上，先到先得的，往往就意味着绝对的在先权利，而且这份权利足以让后到者没有生存之地。商标的注册申请就是再典型不过的情形。

《商标法》第三十一条规定：两个或者两个以上的商标注册申请人，在同

一种商品或者类似商品上，以相同或者近似的商标申请注册的，初步审定并公告申请在先的商标；同一天申请的，初步审定并公告使用在先的商标，驳回其他人的申请，不予公告。

初步审定并公告申请在先的商标，意味着会驳回在后申请的商标，也意味着即使在先申请的商标还未初步审定，也会挡住在后申请的商标。通俗点说就是通过占住位子，可以把后来者统统挤走。排过队的人都知道，占位是件多么重要的事情。2018年，中国产生了700万份商标注册申请，平均每天超过2万份。商标申请的队伍总是排得很长，晚一天，排名就会落后至少2万名。

目前商标审查系统还不能做到即时公开前一天商标的申请状况，没办法查询所有申请在先的商标，也就不能保证在所有相同或近似的商标中，你的商标在申请队伍的前列。而在数万件先申请的商标中，只要有一件相同或近似的商标，就足以把你的商标挡在注册大门之外。面对这样的现实，申请人能做的事情仅有一件，就是一旦确定了使用的品牌，就要立刻提出商标的注册申请，一天也不要耽误。早一天申请和晚一天申请的区别并不是哥哥和弟弟如何一起长大的问题，而是成为弟弟后能不能生存下去的问题。

这里要强调一点，《商标法》第三十一条的适用，并不考虑申请人主观意图，只考量客观上在后申请的商标是否与他人在先申请的商标构成在同一种或类似商品上的相同或近似商标。所以，哪怕在后申请的商标真的是独自设计、带着一万分诚心提出申请的，也不能改变被驳回的命运。

商标外形只要符合规定，申请都会被受理。在后申请的商标是否与在先申请的商标构成相同或近似商标，要到商标实质审查时才会知道。而从申请到实审一般需要五到九个月的时间。避免商标申请被驳回的最好办法是起一个独特的名字，确保与在先申请的商标不构成相同或近似。但这真是件相当不易的事情。虽然懂商标的人经常能找到与众不同、寓意美好的标识，顺利获得商标注册，但大多数人无论是智慧还是审美水平基本不相上下，商标“撞车”的情况总是在所难免。你可能在半年之后，才知道自己的商标不幸地成为在后申请的商标。假如这半年间你一直在使用这个商标，可能就要承担使用一件未注册商标的风险。第一时间申请注册，是避免这种风险最管用的办法。

值得庆幸的是，现在商标注册申请受理点遍布全国各地，且网上申请又很方便，只要在思想上重视，需要的时候，你总是能够及时递交申请书。

商标注册申请这件事，千万不要说再等一等，犯拖延症的后果很严重！

7

商标注册的那些忧虑

某个周日下午，我去北京崇光百货商场购物，发现老馆原来卖化妆品的一楼变成了打折服装的促销卖场。我看到浩沙牌健身服在展卖，就去那里买了一套瑜伽服。结账时我特意问收银员，这个“浩沙”，是不是做健身馆的那个“浩沙”，得到了肯定的回答。

从注册商标时商品的分类来说，健身俱乐部和健身服是不同的服务和商品。不过我并不关心浩沙做多少种业务，我想强调的是，哪怕隶属同一个品牌，在不同的商品和服务上，也需要分别注册商标。因为注册商标只能使用在其核定使用的商品上，在未核定使用的商品上使用，就只是未注册商标。所以，大家一定要为准备经营的服务和商品全部申请一遍注册商标。

在转行跨界如此常见的今天，不要说经营项目本就包罗万象的大企业，就是中小企业也经常做着做着就开展了多种经营模式。

计划永远赶不上变化，这大概是如今互联网时代唯一不变的事情。这时候难题就出现了：在企业第一次申请注册商标时，到底要在多少种类的商品和服务上申请呢？

我绝对不建议在45类商品和服务上全部做申请，这实在没有必要。但也不能目前在做什么就只申请什么，而要结合企业今后的发展、行业的发展、相关类别的商品和服务等因素，做一份有前瞻性的计划。

比如本打算开餐馆，那么可以考虑开发早餐业务，卖包子豆浆什么的，也可以考虑采用独特新颖的餐具，待受到消费者的喜爱之后，顺带着连餐具业务也一并开发了。又或者餐饮的管理和服务水平很好，深得同行认同，纷纷前来取经，后来干脆开办餐饮服务培训了，诸如此类。

我想强调的是，申请注册商标时，眼光要放远点，思路要放宽点，布局要规划得好一点。

提前申请注册商标，一来可以不给抢注者可乘之机。抢注者在当下的中国可是一个聪明而强大的群体，不得不防。二来万一自己将来想用时，也有现成的注册商标可用。要知道，上马一个项目可以三五天就开始行动，但申请一个商标，三五个月也注册不下来。

我有一位朋友做白酒生意，也为他的白酒注册了商标，做了几年，有了一定的品牌效应，便想把品牌扩张到瓶装水生意上。但他去申请水（饮料）商标时，却发现商标已经被他人注册了。

这位朋友在开始做酒生意时，知道及时注册商标，已经算是懂得《商标法》的了，可是因为他没有预想到以后会做瓶装水生意，还是遇到了麻烦。所以，在申请注册商标一事上，这句古话同样适用：人无远虑，必有近忧。

申请注册商标，对于有理想的人和企业来说，既不是一件小事，也不是一件简单的事，而是立足于现在、着眼于未来的至关重要的事，需要专业、智慧和远见，还真不是谁都能做好的事。

但我希望看过此文的人，今后都能做好。

8

大企业应该有怎样的商标观

先从内蒙古蒙牛乳业（集团）股份有限公司（以下简称“蒙牛公司”）的一件商标案件说起。

蒙牛公司有一件商标是这样的：

这是一幅看起来很美的牧场风景图，指定使用在其牛奶制品等商品上。商标局初步审定公告发布后，内蒙古伊利实业集团股份有限公司（以下简称“伊利公司”）提出异议，经商标局裁定异议成立，不予注册。该结论在其后的商标评审委员会复审、法院两审中都保持了一致。北京市高级人民法院做出的终审判决这样表述：“被异议商标为纯图形商标，由奶牛、草地、房子、白云等要素构成，符合一般公众对牧场的认知，且构图风格、形象塑造较为写实，不具有显著的独创性。该图形易被识别为该行业内常用的宣传图形，缺乏商标应有的显著特征，难以起到区分商品来源的作用，已构成《商标法》第十一条第一款第（三）项所指的不得作为商标注册的标志。”

风景图当然不是绝对不能作为商标注册的，如果蒙牛公司以商标的形式大量使用的话，也可能产生显著特征而获准注册，但本案证据不足以证明这一点。

比起该风景图是否能够注册为商标这个问题，我对该案的两个当事人更感兴趣。这是在国内赫赫有名的两家大型乳业集团，虽然法律规定任何人都可以以绝对理由提出异议和无效宣告，但绝不是任何人都关心蒙牛公司是不是把这样的牧场风景图注册为商标。伊利公司提起该案，自在情理之中。可见对于竞争对手，伊利公司还是非常关心其商标注册情形的。

事实上，两家公司对商标注册的重视程度也不分伯仲。我查询到的数据是，截至2015年9月15日，蒙牛公司申请了3064件商标，而伊利公司申请了4181件商标。两家公司成为商标注册大户，与他们的产品业务有关。他们生产的每款雪糕都有名字，每个名字也都注册了商标。

一家公司在发展壮大的过程中，总会不停地推出新产品，并为新产品取一个新名字。这在生活用品领域更加常见。及时对新产品名称申请注册商标非常必要，否则泛化成商品通用名称后，就无法进行保护了。这方面的典型案例是红茶中的金骏眉，发明者辛辛苦苦打了若干年官司，最后还是彻底与商标权失之交臂。但如果仅用型号来标注新产品，就不要作为商标来申请注册了，仅为型号表现形式的标识基本难以被核准注册。

仅仅重视自身的商标注册是不够的，关注他人的商标注册情况对于大公司来说也相当重要。这里的“他人”不仅包括竞争对手，更包括某些“抄、靠、傍”爱好者。伊利公司及时对蒙牛公司申请的牧场图商标提出异议，是不希望后者能够以商标权的形式独享这一图形。事实证明，伊利公司的这一努力成功了。当然伊利公司对其他公司的商标提出过更多的异议，成功的也不在少数。

从我的工作经验来看，“二八法则”在商标评审案件中依然成立，百分之八十的案子来自百分之二十的大公司。绝大多数大公司越成长，越会意识到商标确权、维权的重要性，也越会在商标权利事宜上投入更多的人力和物力。

互联网时代崛起的一批公司成长得实在太快了，常常快到来不及意识到这一点，就已经面临一堆关于商标的麻烦了。所以，我更要对那些快速成长的公司多说一句：请务必牢记，大公司的商标任务是双重的，即一方面要提前注册自己想拥有的商标，另一方面要及时阻挡别人注册自己不想让别人拥有的商标。

9

街边小店应该有怎样的商标观

我上下班时会经过一片较大的居民区，有一天，我注意到，其中朝街一栋楼的底层一排做成了门脸房，开起十几家小店。职业病一犯，我就想去探寻一番，看看这些小店是不是注册了商标。

这些小店提供的服务都和居民的日常生活密切相关，包括药品、美容、洗衣、超市、美发、棋牌室、足浴、中医推拿，还有没有名字的奶站、电动车修理、地下室出租、照相复印等。我没有一家家进去询问店主是否注册商标，担心打扰他们，只是把这些店的招牌拍了照，回到单位在商标档案库中查询。

这么一查，还真查到了四件：在美容服务上，厦门市一家品牌设计公司注册了“摩森”商标；在娱乐服务上，东阿一家文化发展公司注册了“喜鹊”商标；“德福”两个字大概因寓意美好，有43件注册申请，但没有一件是指定使用在足浴馆及类似服务上的；在保健服务上有一个自然人申请过“正元阁”商标，但被商标局引证在先注册的“正元”商标而驳回。

看起来这些店主都不是商标注册人。那么这些小店主为什么不去注册商标呢？是真的不需要注册商标吗，还是根本不知道要注册商标？

我主观地推测一下，应该大致符合实际。

这些居民区的小店，店面都很小，提供的是人们日常需要的服务，主要的服务对象也是在附近生活工作的人群，大家都是熟悉的街坊邻居，估计挣的钱也不过是维持生计。虽然有的小店已经开了七八年，名字起得还算响亮，牌匾上的字写得也够大，但影响力仅仅在一公里范围内，换句话说，一公里以外的人和事，与这些店关系都不大。所以，对于这些店主来说，只要没有选择那些人们耳熟能详的大品牌作为自己的招牌，发生侵权纠纷的概率就非常之低。从我查询的结果来看，这些小店的招牌相较而言大多还挺有独创性，这也间接说明了这些店主经营的努力。

但查询的结果还是让我很纠结，要不要直接建议他们去注册商标呢？

从一个商标确权工作者的角度来说，我当然认为每一个经营者都有必要把自己的品牌注册为商标，哪怕品牌小到目前只能在一公里范围内有影响。但毕竟经营者有权利选择不注册商标。注册商标是为了得到法律的保护，如果有些人认为不需要保护，当然就可以选择不注册商标。注册商标毕竟是要花钱、花时间的，是有成本的，小本经营的生意，一般都非常脆弱，经不起一点叨扰和打击。最后，我选择了什么也不说，即使我天天经过这些小店，天天想宣传《商标法》。

到处都有类似的小店，哪里的小店看起来都差不多，但我想，站在小店里经营的人，肯定是不一样的。有人只是开一家小店，维持生计，但肯定也有一些人是想要创一个品牌，做一项事业的。只顾眼前，得过且过的，确实并不需要法律长远的保护；想着远方、揣着理想上路的人，却绝对不能缺少法律坚实的保驾护航。

只是，透过那些花花绿绿、大同小异的招牌，我平凡的肉眼无法一下子辨别出鸿鹄和燕雀，只好揣着不惊扰燕雀的一百个小心，用文字对那些鸿鹄喊一声：使用商标请注册！

当然，我希望这声音燕雀也能听见。

10

大股东为什么要注册公司商标

2001 年《商标法》修改后，很多自然人依法申请注册商标，获准注册的相当多，起码在商标驳回复审案件中，因为主体资格问题而驳回的很少，但这并不说明自然人的主体资格问题不让我困扰。

比如不久之前审理的一件商标驳回复审案件。申请人李某的主要复审理由之一是其为某公司大股东，该公司已对申请商标进行大量使用，与引证商标可以区分，并提供了半尺厚的纸面证据，不过，这些是该公司使用商标的证据，里面半个字也没提到李某。

我一直强调，在商标驳回复审案件中，使用证据至关重要，会影响审查员对两件商标导致消费者混淆可能性的判断，但是一个证据常常并不简单证明一个事实，有时也会带来一些疑问。

在处理过程中，我一直在想，这商标到底是李某的还是公司的？因为既没有李某许可公司使用商标的证据，也没有公司授权李某注册商标的证据。这些证据是能证明该商标使用了，但和李某有什么关系？在没有特别说明和宣传的情况下，一件商标从来不会把商品来源直接指向公司股东。倒是在更多的商标宣告无效案中，很多公司声称他们的大股东、法定代表人、董事或者员工抢注了公司的商标。大多数案件中，在证据充分的情形下，公司的理由都得到了商标评审委员会和法院的支持。所以，我产生这样的疑问也是很自然的。

从实际情况来看，李某的申请商标也经合议予以初步审定，不是因为他提交了所谓的使用证据，而是因为申请商标与引证商标标识本身也有一定区别，合议组认为不易导致消费者对商品来源的混淆。只是在签发裁文的那一瞬间，我的心还是抖了一下：是不是紧接着我就要审理该商标的不予注册复审案或者无效宣告案了？

但疑问终究只是疑问，在该公司没有提出商标异议或者无效宣告之前，我什么也不能确定，只能认定李某就是该商标的合法所有人。我之所以忍不住说几句，并不是对自然人注册商标有什么偏见。事实上，很多情形下，我倒更建议把商标注册在自然人名下，比如个体工商户、合伙企业或个人独资企业。

如果是多股东的公司，把商标注册在某一自然人名下，不管这自然人是公司的股东、法定代表人或其他重要人物，在没有明确授权的情形下，多少都会让人觉得有点不太合情理。哪家公司经营的最终目标不是把自家的商标做成大品牌呢？如果商标在某人名下，一切努力岂不是为他人做嫁衣裳？

也许有人确实乐得为他人做嫁衣裳，这一点绝对是服从自愿原则的。只不过在审理了大量自然人（当然是和公司有关系的自然人）抢注公司商标的案件之后，我对公司是否能有这份大度有点缺乏信心。但商标评审委员会的案件是因申请人主动申请而产生的。人家不主张，也就谈不到权利保护了。

不管是不是我多虑了，公司经常关注自己商标的注册情况还是有必要的。如果被公司的某人注册了，那大概就不仅是申请撤销某商标的问题了，更应该是某人是否继续留用的问题了。

11

左口袋还是右口袋：论商标的归属

我跟朋友们说自己要出新书了，朋友们都预祝我的书大卖。我当然希望我的书能大卖，但作为商品的书，版权是属于出版社的，我只是作者。我的书，严谨的表述应该是我写的书。即使身为作者，除了合同约定赠送的几十本之外，我想要更多的书也需要向出版社购买。

所以，口头的表述或习惯上的认识，并不等同于法律上权利的归属。比如我们常常说马化腾的腾讯，其实腾讯并不全是马化腾的，马化腾只是腾讯公司的一个股东，马化腾更不能随便把腾讯的财产视为己有的，比如商标。

“腾讯”商标不属于马化腾，而属于腾讯公司，这点非常重要。因为一家公司不管做什么，商誉总归会凝结到品牌上，而作为品牌的法律归属，商标注册在谁的名下，权利当然就归谁。

品牌带来的一大串数字意味着巨大的利益。对于价值增长永远没有上限的品牌来说，作为权利保障的商标，注册在老板名下还是公司名下，从成立有限责任公司的第一天起，就必须十分明确。

作为从事商标确权的审查员，我想提醒一下，如果商标注册在个人名下，那么要牢记：公司和个人是两个不同的主体，即使你是公司的发起人、总经理、股东，你和公司依然是不同的主体，公司对相同商标的使用并不能想当然地视为是对你的商标的使用。

在实践中，很多人忽视了这一点。比如，在案件中提交了注册证，也提交了厚厚的商标使用证据，可商标注册人是个人，使用人则是公司。仅凭这些证据，审查员并不能认定该公司使用的商标就是个人的商标，特别是在很多公司声称其经理、股东、老板等抢注了公司商标的状况下。

审理案件就是这样，要考虑各种可能性。证据要形成完整的证据链，不能有一环断开，断开了就不能准确地查清事实，而查不清的事实不能作为做出结论的依据。法官不能说听起来你似乎欠了他的钱，所以你要还钱；法官只能说，这个借据确定证明你欠了他的钱，所以你要还钱。

要证明使用权也很简单，出具你与公司的商标许可使用合同就行。所以你最好和公司签署正式的商标许可使用合同。如果你是口头许可公司使用的，就得提交证据证明你曾经口头许可过公司使用这个商标。只有这样，公司对这个商标的使用才能视为对你的注册商标的使用，而不是对另一个长得像的未注册商标的使用。

在这里捎带普及一下另一个法律常识：法人和法定代表人不同。经常有人这样写："我是法人，我的商标就是公司的商标。"

任何自然人都是活生生的人，不是法人。法人是具有民事权利能力和民事行为能力，依法独立享有民事权利和承担民事义务的组织。所以，法人不是人，是公司等组织。无论你是谁，你至多是法定代表人。

不管商标属于老板还是公司，只要老板是这个公司的老板，老板和公司都会努力通过宣传和使用，让商标越来越值钱。就好比大家正在读的这本书虽然是属于出版社的，但毕竟是我写的，我还是会和出版社一起使劲地吆喝，而且也愿意花钱买来送给我的亲朋好友。

毕竟只有让更多的人看，普法书才能实现普法的价值。

12

傍名牌商标的结局

出来混总是要还的。傍名牌的商标也是一样，靠傍得好处，因傍被规制。其最终的结局可能是未注册的商标会不予注册，比如拼多多上的“小米 e 品”商标就是被驳回注册申请的；或者已经注册的商标，也可能会被宣告无效，比如“步步高新一代”商标。

第 13839413 号“步步高新一代”商标的注册申请人是广州一家音响设备公司，后转让给一家生物科技公司，指定使用的商品是口述听写机。

步步高通信科技有限公司在先注册的“步步高”商标，指定使用商品是声音复制器具、学习机、语言复读机等。这些商品在《类似商品和服务区分表》中与口述听写机不属于同一类似群组。这是“步步高新一代”商标能注册的重要原因。

2017 年 9 月，步步高通信科技有限公司向商标评审委员会提出对“步步高新一代”商标的注册宣告无效的申请。商标评审委员会经过审理认为，“步步高新一代”商标完整包含在先商标“步步高”，且未形成具有明显区别之含义，双方商标在文字构成及呼叫上相近，已构成近似商标。口述听写机商品与声音复制器具、学习机、语言复读机等商品在功能用途、销售渠道、消费对象等方面密切相关，且步步高公司提交的证据可以证明其“步步高”商标经过使用已具有一定知名度，另考虑到本案两当事人同属广东省，地域范围邻近，若“步步高新一代”商标与“步步高”商标同时使用，易使相关公众认为两者来源于同一市场主体，从而造成相关公众对商品来源的混淆和误认，因此，两商标已构成《商标法》第三十条所指的使用在同一种或类似商品上的近似商标。

需要说明的是，本案中步步高公司提交的证据可以证明其“步步高”商标曾经作为驰名商标受到保护。商标评审委员会在判断类似商品时，没有严格按照《类似商品和服务区分表》，而是突破了区分表，对“步步高新一代”商标宣告无效。

本案的裁定是商标评审委员会于2018年7月5日做出的，早于拼多多被热炒之前。我并不知道使用“步步高新一代”商标的商品在拼多多平台上有没有销售。举这个案例只想说明，一直以来，行政机关都在态度明确地打击傍名牌的商标注册行为。

法律上的事情，需要通过相应的法定程序来实现。因此，权利人采取正当的方式维权也很重要，比如步步高公司提出无效宣告请求并提出合适的理由和有力的证据，都是其赢得该案的关键。

也许守住底线的唯一办法，就是将违约者罚到倾家荡产。仅仅对一个注册商标宣告无效，实在是太轻描淡写了。我认为现在是时候让那些明显抢、傍他人商标的注册行为也付出代价，而且这代价要超过其从抢、傍他人商标行为中得到的好处。

具体怎么做？我看好法律人的智慧，相信一定会有办法。

13

抢注商标的常见套路

有一次我在上海交流了关于商标申请策略“如何完成专业化”的问题，这是大会给我的演讲主题。“策略”的意思是根据形势制定的行动方针和斗争方法。申请商标还用得到“斗争方法”，也算是中国特色了。

但不斗争真不行啊！抢注商标、傍靠商标的热潮是如此汹涌澎湃，套路花样百出，真正想做品牌的企业实在是防不胜防，不得不斗。具体怎么斗，要根据企业的具体情况具体分析。我可以为大家介绍一下抢注商标、傍靠商标的基本情况，主要分为两类，一类是“专业的人干专业的事儿”，一类是“不抢白不抢的占便宜”。

占便宜的情况到处有，这里就不说了，只说下“专业的人干专业的事儿”这一类。我必须给这句话加引号，要不实在对不起“专业”这两个字。

一是职业抢注。这些人完全以抢注商标为本职，以个人或公司的名义开展，商业化运作，规模化申请，注册数量从百到万。如在“飘柔”商标案件中，审理时查明的重要事实是：贺 ×，洗涤业从业者，在《类似商品和服务区分表》第 3 类牙膏等商品、第 5 类空气清新剂等商品上申请注册了“沙宣”“飘柔”“伊卡璐”“诗芬”“强生”“夏士莲”“海飞丝”“蓝月亮”“蛇胆”“花王”“康师傅”等多件商标。

二是快速抢注。有的人利用互联网传播快速、广泛的特点，了解掌握新创企业的基本情况，又利用互联网技术在网上不舍昼夜地及时提出商标申请，力争比商标正当使用人早一日提交申请书。早一日就够了，足以阻止其后的商标获得注册，让后到的商标申请者悔不当初。

三是反复抢注。如果商标正当权利人对抢注商标依法提出异议申请，或者无效宣告申请，这些人就随便答辩一下，或者干脆不答辩。认真打官司一来赢不了，二来请律师也得花钱，成本太高了，哪有继续申请商标来得划算？

四是变相抢注。这真是个技术活儿，需要进行各种拆分、变形、挂靠，好让审查员在初步审查时，没办法将其与之前的商标判断为相同近似商标。

五是诈骗。诈骗贯穿在整个商标注册和维权的过程中，就不单独强调“抢注”二字了。诈骗者利用企业家和创业者对商标知识不知晓、对行政机关不了解的情况，使出各种手段肆无忌惮地进行诈骗。比如明明商标须经初步审定公告以后才能提出异议，但他们就敢对商标还没有初步审定的申请人说，商标已被异议，需要花钱搞定，居然就把钱骗到手了；明明只有商标局，他们却给企业发文自称是“商标总局”；明明只有无效宣告请求裁定书，他们也能编个“有效宣告请求裁定书”。更要命的是，一些企业真的被骗了。

每次听到这样的事情，我的基本情绪状态是吃惊（居然可以这样？）——气愤（竟然敢做这事？）——难过（企业真是可怜！）——鼓劲（普法任重道远！），然后便是写写写。我已经写了100多篇文章，但我估计再写100多篇也解决不了多少问题。除了诈骗是犯罪行为，其他几种行为都是“依法依规”展开的，想彻底根治，大概只能寄希望于修法了。

修法需要时间。但在没有修改前，法院、机关也在努力着，希望能在现行法律的框架下，尽可能地打击和规制抢注商标行为。

而对于企业来说，眼下最管用的，还是老老实实制定自家的商标申请策略。

14

好的商标应该是怎样的

有一次我收到一封信。信里说："张女士，你的名字里也有'月'字，对月亮也格外有感情吧？我申请'月亮儿'商标，还不是因为自己出生在一个新月的晚上，喜欢月亮吗？看在我和你的名字里都有'月'字的分上，帮我看看，'月亮儿'申请不了，那么'月牙儿'可以申请吗？"

看到信时，我真的被字里行间的真诚打动了，也真心相信他就是因为喜欢月亮，才想在服装上使用这个商标。我驳回了人家"月亮儿"的商标注册申请，人家还特别体谅地表示："对你们的决定，我表示理解。"这是多么善解人意的人啊！这样的当事人多么值得尊重啊！

但是，我还是驳回了他的商标申请。出生在新月晚上的人有很多，想使用"月亮儿"做商标的人也很多。仅在第25类服装类商品上，与"月亮儿"字义完全相同的商标（包括英文"moon"）就有20件申请，包含"月亮"二字的如月亮屋、月亮花、月亮石等商标就有468件申请，但大部分都被驳回了。

我查了一下"月牙儿"商标，在25类服装商品上还真有人已经申请了"月牙儿"商标。看来这位写信人没有了"月亮儿"之后，连"月牙儿"也得不到了。

我不知道他会继续坚持使用"月亮儿"商标，还是换了其他的商标。继续使用就可能涉嫌侵权；更换商标，前期在这个商标上的投入就会损失殆尽，还会带来情感上的创伤。他大概也实在是太为难了，才会写信给我的吧。

我理解不少创业者的想法和委屈：自己没抄、没靠、没傍知名商标，就是想用个有感情的商标，何错之有？

主观上，或许真没有错，但商标的作用是客观的。使用商标时，还要向消费者标示商品和服务的来源。您来晚了，真不是您的错，但也确实注册不了这个商标——这就是现实，法律保护的现实。人们不仅喜欢月亮，也喜欢所有象征美好的词汇。我写这篇文章时正是春天，当时想知道到底有多少人喜欢用“春天”这个词做商标，便查了一下，竟然有 502 件申请（包括英文“spring”），最早的是哈尔滨针织厂于 1980 年 3 月 10 日申请的，使用在化纤针织内衣上，在 2019 年 4 月 8 日专用权到期后未续展，已经失效了。人们对春天的各种花名也情有独钟。关于花草的商标申请，樱花 683 件，梅花 342 件，玉兰 248 件，海棠 196 件，桃花 118 件，杏花 77 件，迎春花 50 件，李花最少，只有 3 件。

《商标法》第八条规定，任何能够将自然人、法人或者其他组织的商品与他人的商品区别开的标志，包括文字、图形、字母、数字、三维标志、颜色组合和声音等，以及上述要素的组合，均可以作为商标申请注册。法律赋予了商标标识无数种可能性。所以，尽管现在商标档案库里的商标存量已经达到千万级，也还是有着足够多的机会注册新的商标。比如我随手输入了没有含义的两个字“春今”，就只搜到“春今堂”一件商标。所以，最重要的是想出一个独特的商标。

独特的商标不仅容易获得注册，一般给人们留下的印象也更加深刻，商标和所有者的对应关系也更强烈，注册使用后获得的保护力度也更大。

在有了无数个“月亮”商标之后，还来申请注册“月亮”商标，可以解释为爱月亮，我也相信。可是在仅有一个“海尔”商标之后，另一个人再来申请注册“海尔”商标，就很难解释是因为“爱海及尔”。在“海尔”这么有独创性的商标出现之后，您就是碰巧也特别独创地想到了这两个字，也基本没有人相信了。

所以越独创，越独占。真正的好商标，常常是前无古人，后无来者的。

15

要像天天检查门锁一样，时时监测商标状态

早晨上班时，我经常在已经上公交车后，又怀疑自己出门时没有锁好家门。虽然到目前为止，我还没出现一次没有锁门就离家上班的情形，但还是时不时地会下车回家检查。

其实我们这栋楼很安静，我家又在拐角处，除了偶尔有送快递的和发传单的，其他人不会过来，一般情形下不锁门也没人发现。可是，我依然把锁门这件事看得很重要。门锁本来就是防君子而不是防小人的，我不能保证这辈子不遇到破门而入的小偷，但要努力避免开门揖盗的情形发生。

据我所知，和我一样有“未锁门怀疑症”的人不在少数，可见大家对自己财物的保护是非常小心谨慎的。

商标权作为无形资产，也是一项非常重要的财物。但有些创业者对自身的商标权疏于管理，常常忘记检查这项权利是不是还存在。

比如某公司的商标，2014 年年底刚刚申请续展，2015 年 6 月又因为连续三年未使用而被撤销注册。费心记着来续展，可见该公司还是知道自己有这件商标财产的，只是忘记了这个世界上有价的财产都是稀缺的，自己不看守好，

总会被别人拿走。

商标资源从来都是有限的。所以《商标法》确立了商标连续三年不使用撤销制度，这条规定的本意是为督促注册人合法有效使用注册商标。不过在已经有1000多万件在先注册商标的现实下，在后商标申请人为了消除在先商标权利障碍，提出三年不使用撤销申请是他们常用的“钻空子”方式。

如果商标确因未使用被撤销，也没什么可惜的，但相当一部分商标是因为商标所有人根本不知道被他人提出三年不使用撤销申请这回事，因而未提交使用证据。不知道的主要原因，是没有收到商标局的答辩通知及撤销决定书。

我之前曾经专门写文提醒过大家一定要变更商标档案上的地址，现在我认为，更加重要的是商标权人要提高保护自己商标财产的意识。思想重视永远是第一位的。思想重视也从来不是一句空话，而是需要踏踏实实做到的实事。

如果当事人不重视，哪怕商标局已经努力做好送达工作，如在按照商标档案地址送达答辩通知的同时，还通过公告、原商标代理人等多种渠道送达答辩通知，用斗大的字刊登公告，他们也一样看不见。这种视而不见现象在下面这件案件中就有体现。申请人于2015年12月提出了转让申请，却没有发现在3个月前已经有人对该商标提出了三年不使用撤销申请。由于转让和撤销是由两个部门分别审理的，结果是转让核准决定做出的第二天，撤销决定也做出并很快生效了。商标受让人最终拿到的是没有专用权的商标。

虽然经本人愿意，未注册商标也可以转让，只是以常人思维来说，既然到商标局做了转让登记，受让人应该是想得到一个注册商标。现在受让了一件被撤销注册的商标，估计受让人的内心是沮丧的，具体有多少经济损失，我就不知道了。

我们即便买一件衣服，都会仔细看看是不是有破损的地方，买一件商标却不去查一下是不是还有专用权，这样的失误无论如何都是不应该的。每当我在案件审理时查询到这样的信息，就不由地叹气。但我的叹气并不能阻止这样的事情一而再、再而三地发生。因为商标权利人总是忘记商标也是一项财产，忘记关注自己商标的状态是权利人应尽的义务。我们不会把家门敞开，任由他人随便出入，也不会把身份证乱放，放任他人胡乱使用。可是创业者在努力经营品牌的同时，却把商标扔在网上，放任他人折腾。

一家企业通过所有努力获得的美誉和价值，最后总要集中体现在品牌上，而没有商标专用权的品牌就是无根之树，终会走向死亡。

真心希望所有创业者都能牢记：商标是企业的重要财产，不管监控商标状态是件多么费时费力的长期性工作，依然要像天天检查门锁是否锁好一样，毫不松懈地做好！

16

注册商标可以买卖吗

网上有一篇关于“洪荒之力”商标的新闻《震惊！千元注册的“洪荒之力”商标，两年后转手100万！》，其中第一段是这样写的：

“俞春永做梦都没有想到，2015年10月份仅花去1300元申请的商标，会在两年后以100万元价格售出。转手之间，利润涨了768倍。”

“768”这个数字实在吓人，一瞬间让商标的注册和转让俨然成了最旱涝保收的生意之一。

商标作为一项私有权利，法律规定是可以转让的。商标转让本应是正常的事情，只是商标注册的本来目的是使用，而现实中一部分人注册商标的目的却是卖掉，就像房子本是用来住的，有些人却用来炒一样，怎么看都透着一种不正常。

我知道，一种不正常的现象变得司空见惯，一定有着这样那样的社会原因，毕竟没有买的，就没有卖的。我也被一些刚创业的朋友询问过，自己申请注册商标和直接买一件已经注册的商标，哪个更合适？对此我还真没有标准答案。用自己设计的独一无二的品牌，当然要自己申请注册商标。现在一件商标的基础申请费只要 300 元，全国有 100 多个商标申请受理窗口，网上申请也很方便，商标代理人到处都有，提出商标注册申请真的是一件不那么复杂的事情，复杂的是选择哪个商标提出注册申请。

难点就在于，商标从提出注册申请到核准注册，总是需要时间的。这些年行政机关已经撸起袖子加班加点干了，可目前最快也要六个月做出初步审定或驳回的结论，加上初步审定公告的三个月，拿到注册证怎么也得将近一年的时间。等待中的人都知道等待的滋味有多么难受，加之没有人能保证一件商标百分之百获准注册，万一等来一个不理想的结果，闹心是必然的。

因此如果不差钱，且受不得等待的煎熬，从创业开始就想要一个稳定的商标权利，直接受让一件已经注册的商标是一个不错的选择。商标注册使用的五年内，只要依法诚实使用，正常情况下是不会被撤销或宣告无效的。至于受让一件注册商标具体花多少钱合适，我并不清楚，实际上，我并不理解一件仅仅获得注册却没有使用的商标为什么会值很多钱。我认为，商标的价值应该来自使用，或者说只有一件商标经过使用成为品牌后，才有价值。

商标是品牌的法律保障，品牌的交易最后也会落实到商标转让上，但品牌的价值来源于长期大量使用商标所产生的良好的声誉、巨大的市场和未来的收益。这种价值和一件只注册没使用的商标的价值完全不是一回事。

品牌的价值可以很高。2018 年 1 月 15 日，“2018 中国品牌价值百强榜单”在京发布。该榜单显示，品牌价值排名前十的企业及其价值依次为：腾讯 6726.25 亿元、阿里巴巴 5923.32 亿元、中国工商银行 4227.28 亿元、中国建设银行 3757.91 亿元、中国移动 3657.48 亿元、华为 3418.56 亿元、中国平安 3388.05 亿元、中国农业银行 2917.76 亿元、中国建筑 2466.06 亿元、中国银行 2008.99 亿元。

至于本节提到的“洪荒之力”商标，据说俞春永已经生产了四款标注为“洪荒之力”的酒，三款为酱香型白酒，一款为养生酒。不知道这酒的市场反响如何，但该商标的转让之事热闹地成了刷屏的新闻，广告效应怎么也得值 100 万元了。

我个人也认为“洪荒之力”用在酒上，还算得上一个寓意不错的商标。但最后能不能成为被市场认可的品牌，还需要使用者付出相当的智力、财力、人力，从商标到品牌，还有很长的路要走。

不管路多远、多难走，只要一件商标走上了品牌之路，终归是幸运的，就符合注册商标的本来目的了。商标注册最理想的情形，应当是每个商标注册人都是带领该商标走上品牌之路的人，只为卖掉商标获利而大量囤积注册的情况，总有一天会被遏制。

物极必反、否极泰来、矫枉过正，在商标注册乱象丛生的今天，这三个词都可能会成为商标注册工作中的现实。我就听说有专家建议以后转让商标要附加条件，只有那些已经使用或者具有使用意图的商标才可以转让。虽然我觉得这个建议在法律上和实践上都存在若干难点，但对这份苦心还是理解的。

不忘初心，方得始终。注册商标的初心当然是自己使用，商标转让只应该是让这种使用有始有终中的一条路径而已。

17

商标不注册就不能用吗

有读者在公众号后台留言问我："商标不注册就不能使用吗？"

《商标法》还真没有一条明确地说商标不注册也可以使用，对于一些不习惯或者不会解读法条的人来说，可能真的一下子找不到依据。

作为商标从业人员，我似乎从来不觉得这是个问题，但既然有人询问，我就要做出明确的回答。

我对这个问题的答案很肯定：能。

我国申请注册商标是自愿的，也就是说，一个企业可以不申请注册商标，可以一直使用未注册商标。当然对于大部分打算做品牌的企业来说，最终还是想要拥有注册商标的。因此，在使用未注册商标的同时就去提出注册申请是必要的。

目前的注册商标流程即便非常顺利，从申请到获准注册也需要九个月时间。企业一般不会选好商标后等九个月再开张，所以相当多的初创企业，刚开始使用的常常是没有注册的商标。

事实上，未注册商标不仅可以用，而且诚信使用的原创商标，还会受到法律保护。《商标法》第三十二条规定："不得以不正当手段抢先注册他人已经使用并有一定影响的商标。"

这一规定的意思是说，如果有人抢注了你的未注册商标，你可以通过法律途径阻止对方的商标注册，或宣告对方的注册商标无效。具体方式是向商标局提出异议，或者向商标评审委员会提出无效宣告请求。

但并不是所有未注册商标的使用都会受到法律的保护。未注册商标能够获得保护的前提只有一个——符合法律规定。其中最重要的一条是原创，即和他人的注册商标不相同也不近似。如果和他人已经注册的商标相同或近似，就可能侵犯他人的注册商标专用权，惹上官司。

做到这点挺不容易的。目前商标库里有 1800 万件以上的注册商标，很难保证你左思右想设计出的商标就一定与人家的不一样。所以，未注册商标，使用有风险，千万要谨慎。

不明白就问是个好习惯。而我写普及《商标法》的文章，就是为了省下你问的麻烦。这只是个小知识点，不学不知道，一学就知晓。

18

商标注册如何避免纸上谈兵

在我的公众号后台留言最多的问题，是关于商标注册时相关商品和服务的分类的。

这问题真的很难，我常常回答不了。因为很多新的商品和服务我根本就没听说过，更不要说了解了。即使是那些已经存在的商品和服务，我亲见亲历的也是少数。

但商品分类问题必须有答案，因为一件商标必须注册在明确的商品和服务上，而且只在指定使用的商品和服务上享有专用权。简单一点说，一件商标，比如第20869686号“小米”商标，指定使用在第9类手机、电子信号发射器、测量仪器等商品上，那么“小米”二字在其他商品上的使用就不是这件商标的使用。

我弟弟之前买了一双“小米”运动鞋，我相信鞋上用的“小米”商标就不是上面提到的第20869686号“小米”商标，而应该是注册在第25类鞋、服装商品上的第19898500号“小米”商标。

虽然上述两件商标都属于小米科技有限责任公司，在消费者心目中也都是“小米”品牌，但从法律保护上讲，这是两件各自独立的商标。也就是说，小米科技有限责任公司的品牌可能只有“小米”一个，但“小米”注册商标有若干个。

所以，商标从来不是诸如“海尔”“腾讯”这几个字这么简单，它们不是孤立存在的标识，而分别是注册在冰箱商品上的第752873号“海尔”商标，是注册在信息传送服务项目上的第1955468号“腾讯 Tencent”商标等。

商标的问题，也从来不仅仅是一个标识的问题，不仅仅是选择用“小米”还是“大米”、公牛还是小鸟的问题，而是打算在什么商品和服务上使用什么标识作为商标的问题。

每个具体的商标必定是指使用在某个确定的商品或服务上的商标。离开了具体的商品，就没办法谈到商标的注册与保护。如果一个卖面包的只在饮料上注册了××商标，由于饮料与面包不属于类似商品，通常情况下，在面包上使用这个商标就没法得到法律保护。

正因为确定商品是商标注册最基础的工作，才会有人不停地问我关于商品分类的问题。为什么会问我？因为这是个难题。为什么是难题？因为人类经济社会中的商品和服务太多了，而已经确定的分类又不能涵盖所有的商品，特别是新发明的商品。为什么要对商品进行分类？又是依据什么如此分类？简单地说，是因为能选择做商标的标识远远少于需要使用商标的商品数量，考虑到这点，法律才允许在不同类别商品上同时使用相同或近似的商标。

目前的商标注册规定中，所有的商品和服务被分成了45个大类，每个大类又分成若干小组，比如第30类商品主要包括日用或贮藏用的植物类食品及调味佐料，3001组是咖啡类商品，3002组是茶类商品，3003组是糖类商品。一般情况下，不同小组的商品被视为非类似商品。

包括中国在内的多数国家的法律，都允许在不相同、不类似的商品和服务上共存相同或近似的注册商标。比如注册在电信信息服务上的第12158031号“长城宽带”商标属于长城宽带网络服务有限公司，而注册在啤酒商品上的第4882299号“长城”商标属于中粮酒业有限公司，在其他类别的商品上还有若干个“长城”商标。这些商标都是依法注册的。

至于具体到某个企业的某个商标应该注册在哪些商品上，这要根据企业自身的情况综合分析。如果企业不是很了解《商标法》，建议还是听取一下专业人士的意见比较好。

19

TM是什么意思

有人问我，商标上标注TM是不是表示该商标已经向商标局申请注册了。

我是第一次听到这个说法，很好奇为什么有人会这样问，于是就“百度”

了一下。不查不知道，一查吓一跳，原来“百度知道”上的答案就是这样写的：

“TM表示的是该商标已经向国家商标局提出申请，并且国家商标局也已经下发了《受理通知书》，进入了异议期，这样就可以防止其他人提出重复申请，也表示现有商标持有人有优先使用权。”

我不知道这是哪位大仙的独到见解，也不知道这番“高见”从何而来，更不知道这样的答案放在网络上，是因为回答者自信真理在握，还是故意混淆视听。但我可以肯定地说，不管这条答案被使用了多少次，都是错的，错的，错的！

写商标普法文以来，我发现有那么多人写文章，写来写去也不过是那些内容，也觉得自己的文章更是找不到多少新意，越来越缺乏写下去的动力。每次写完后再读时，我都不由地问自己：这样的内容太简单重复了，有意义吗？每次都需要下狠心才能按下回车键，把文章发送出去。

现在我发现连TM标识，“百度知道”都能给出一个如此离谱的答案，我突然有一种重任在肩的感觉，顿时有了写下去的动力。

下面给大家认真讲讲我对TM标识的认识。

首先要明确一点：这里说的是商标领域的TM。

TM为英文Trademark的缩写，意思就是商标。法律对TM标识的使用没有做出规定。使用“TM”字样，与商标是否申请注册、是否获得受理、是否获得初审公告、是否被异议、是否获准注册，均无对应关系。

这只是一个商标权利人自愿使用的标志，不必然代表标上TM的标识就一定是商标。使用TM标识的意义仅在于，使用人主观地、主动地、一厢情愿地想告诉别人，这个文字或者图形，不仅仅是名称，是说明用语，是广告用语，是商标。既然标上TM也不一定是商标，那么标上TM还有意义吗？绝对有。因为在法律关系中，有一点是非常重要的，那就是权利人的真实意思表示，即你心里到底是怎么想的。标上TM就是告诉别人，我的真实想法就是：这是我的商标。

声明主权永远是重要的。虽然单方声明不一定会被对方承认，但总会占有一点主动权。就好比有一些男生在开始追女孩子时，就算还没有追到，也会先声明：这是我的人。一般来说，这招真能赶走另一些对这个女生也有想法的男生。

所以，我是建议在未注册商标上使用TM标识的。既然法律没有规定使用这个标识有什么不好的法律后果，而又有着潜在的好处，为什么不用呢？

20

“视觉中国”商标的使用违法了吗

我没关注过“视觉中国”网站，因为我和《人民日报》官微一样“不敢配图”。如今，一张黑洞照片把“视觉中国”炒得这么火，掀起了一场诙谐的网络狂欢。我个人十分欣赏共青团中央微博向“视觉中国”发出的“国旗、国徽的版权也是贵公司的”这句“灵魂拷问”，会问不用声高，自能引发浪潮。

作为无数次被侵犯版权的作者，我还真特别关心版权的事，也坚定支持维权，但我毕竟更是个讲品牌保护的普法者，还是回到商标话题上更符合主业。因此，我要郑重地说一句：国旗、国徽不仅不能作为图片被商业化使用，也不能作为商标来使用。

《商标法》第十条规定，“同中华人民共和国的国家名称、国旗、国徽、国歌、军旗、军徽、军歌、勋章等相同或者近似的，以及同中央国家机关的名称、标志、所在地特定地点的名称或者标志性建筑物的名称、图形相同的”标志不得作为商标使用。事实上，这次事件的主角“视觉中国”的商标申请早先也是被驳回的，驳回理由之一就是该商标含有“中国”二字，不得作为商标使用。这件商标的申请人是视觉（中国）文化发展股份有限公司。理论上讲，已经被商标局认定不能作为商标使用的标志，如果被用作商标，就是违法行为。而且由于有过商标申请驳回的程序，当事人也应该知晓不能使用，况且“视觉中国”的申请人本身还是知识产权从业者。

如果不能作为商标使用的标识被作为商标使用了，后果会怎么样呢？《商标法》第五十二条规定：“使用未注册商标违反本法第十条规定的，由地方工商行政管理部门予以制止，限期改正，并可以予以通报，违法经营额五万元以上的，可以处违法经营额百分之二十以下的罚款，没有违法经营额或者违法经营额不足五万元的，可以处一万元以下的罚款。”

我不是执法者，罚或不罚也不是我关注的事。之所以对“视觉中国”这个话题感慨良多。因为做了十几年知识产权工作，我深知中国普通民众的知识产权知识实在少之又少，加之由于对知识产权基础知识的匮乏，产生了许多可笑可怜、可悲可恨的故事。懂法的人并不都是用法律来维护良好市场秩序的，也有人会利用法律把市场搅成一锅糨糊。这些年商标恶意抢注、恶意侵权现象大规模发生，都是“懂商标”的人的“杰出贡献”。不懂《商标法》的人，基本都躲在角落默默哭泣呢。

急也白急，但哭不能白哭，还是要吸取教训。不过有些教训的学费太贵，一般人是承受不起的。“视觉中国”是专业的知识产权从业者，这次也为自己不尊重知识产权交了昂贵的学费，虽然我不知道到底多贵，但再贵我也不打算同情他们。我只希望那些完全不懂知识产权的企业家们能在这上面少交点学费，比如牢记不管多么爱国、爱军、爱人民，也不要乱用国名、国徽、国旗等标志作商标。

有人说，现在发大财的方法，《刑法》上都写着了。但真想走在钢丝上铤而走险，看看“视觉中国”的下场就应该清楚了，想利用这些在国人心中神圣的标志谋利，后果真的很严重。最后我还是要说一句，“视觉中国”收取黑洞图片使用费并成为热点事件，其普法效果那真是杠杠的！

21

自然人注册商标的条件

我的公众号粉丝过万以后，不止一个粉丝对我说，“月梅”现在也算是品牌了呢，应该立刻注册为商标。虽然我不觉得“月梅”这两个字有多大影响力，但还真想把“月梅”二字注册为商标。我通过公众号普及商标知识也是提供某种服务，我写的书也算是商品。

这就涉及自然人注册商标的问题。之前也有朋友问过我，自然人可不可以申请注册商标？

答案是可以。《商标法》第四条规定：“自然人、法人或者其他组织在生产经营活动中，对其商品或者服务需要取得商标专用权的，应当向商标局申请商标注册。”

这条规定可以理解为，那些不进行生产经营活动而仅仅为了占有商标资源的人，不应当申请商标注册。但现实中，仅仅为了占有商标资源的申请人实在太多了，多到行政机关不得不出台对自然人注册商标加以限制的规定。

因此，在实践中，自然人申请商标注册，还得有个体工商户营业执照，也就是说，有个体工商户营业执照的自然人才可以申请注册商标。自然人可以以个体工商户营业执照上登记的字号作为申请人名义提出商标注册申请，也可以以营业执照上登记的负责人名义提出商标注册申请。

需要说明的是，不论是以个体户字号提出申请，还是以负责人名义提出申请,在后续的程序中都可以算作是自然人申请的商标。如果几年后个体户注销了，原来的负责人也可以作为合格的权利人参与到商标确权和维权的各个程序中。

当然，个体经营的不都是个体工商户，农村承包经营户也可以以其承包合同签约人的名义提出商标注册申请，其他依法获准从事经营活动的自然人，可以以其在有关行政主管机关颁发的登记文件中登载的经营者名义提出商标注册申请。

在程序上，以自然人名义申请注册商标，就要在提交身份证的同时，提交个体工商户营业执照、承包合同、有关行政主管机关颁发的登记文件。至于申请商标指定使用在哪些商品和服务上，过去是以个体户营业执照的经营范围为限，现在是没有限制的。比如，一个卖服装的个体户，也可以在餐馆服务上甚至医疗服务上申请注册商标。虽然我认为服装经营者注册医疗服务上的商标纯属浪费行政资源。

作为真实地为社会提供有益服务的自然人，这样的规定让我自己注册商标也变得不方便，但我还是非常理解这样的限制规定。凡事都有利有弊，只能两利相权取其重，两害相权取其轻。在某种程度上，这一规定确实阻止了某些不打算使用商标、只想占有商标资源的人的注册申请行为。

但这条规定有时确实会让人心里很别扭。比如一个人可能拥有很大的公司，但如果他想把商标注册在自己名下，就必须再办理个体户营业执照。如果想把公司的商标转让到创办人名下，受让人也得有个体户营业执照。这也就出现了一些只为申请商标注册而办理个体工商户营业执照的情况。“是药三分毒”，解决一个问题的同时总会带来另一个问题。好在《商标法》的修改已经再次被提上日程，希望通过修法可以有效规制恶意抢占资源的问题，让商标注册回归到使用的本途，让个体户营业执照的办理也彻底回归经营的本途。

22

当“来宾”变成“来宾牌”

第一次去广西来宾市时，我想到“来宾”二字是有其他含义的，可以用作商标。后来坐火车去昆明的途中，听到广播说“苹果”站到了，看到文字原来是“平果”，我又想，就算是“苹果”二字，也可以注册商标。

很多人喜欢把行政区划名称放在商标里使用，这可能也是一种下意识的反应，觉得把县名、市名用上，品牌便显得高端大气上档次，更有吸引力。可能很多县名、市名确实有吸引力，但真的不是你想用作商标就能用作商标的，还有法律管着呢。《商标法》第十条第二款规定，县级以上行政区划的地名或者公众知晓的外国地名，不得作为商标。但是，地名具有其他含义或者作为集体商标、证明商标组成部分的除外；已经注册的使用地名的商标继续有效。

已经注册的使用地名的商标是指1988年《商标法实施细则》修订之前已经注册的商标。1988年之后，县级以上行政区划的地名就不能作为商标使用了。禁止县级以上行政区划的地名作为商标使用有多种原因，如避免产地误认、品质误认，维护行政区划名称的严肃性，避免不公平竞争等。每一条法律的制定都是多种因素综合考虑的结果。作为普通公民，理解法律为什么这样规定很重要，但更重要的是要知道法律有这样的规定，遵守这样的规定。

在广西之行的一次座谈会中，一家企业就用了县级行政区划名称作为商标，还向我们宣传推广。我们说明相关规定后，企业负责人问，市政府出授权书同意厂家使用就可以了吧？我们只好又告诉他，不可以，市政府也得遵守《商标法》的规定。

我一点也不觉得这问题问得突兀，不懂法律、误解法律已经算是一种正常现象了，我只是替他们着急担心。这是一家用心做产品的企业，只是品牌选错了标志，正承受着由此带来的一系列困扰。

让企业产生误解的原因，可能是有一些别级的县以上行政区划的地名也作为商标注册使用了。但那些商标可能是在1988年之前注册的，也可能是具有其他含义。

最大的争论出现在对“其他含义”的理解上。我认为这里的“其他含义”是指具有地名以外的具体文字含义。比如“来宾”，天下来宾，皆为上宾，这是来宾市市名的来由，也是常用语，表达了具体明确的内容。

商标并不属于语言的范畴，不表达具体的内容，只是表示商品来源的商业标志。因此，一个地名通过大量使用而让消费者识别为商标，并不包含《商标法》所指的“其他含义”。而且从逻辑上讲，已经禁止作为商标使用的标志，不存在通过使用而变成商标的可能，也就不会产生所谓《商标法》意义上的其他含义。

有时出现的另一种情形是，申请人使用一个他认为没有含义的词作为商标，却不知道这个词和某个地名相同，比如我之前就不知道有个平果县。所以提醒一下商标注册人，选定了一个没有含义的文字组合作为商标，还要查一下这是不是县级以上行政区划名称，我国有3000多个县级以上（含县级）区划名称，几乎没有人全部知道。

当然，这里仅指普通商标，集体商标和证明商标则可以包含县级以上区划名称。关于集体商标和证明商标，接下来也会为大家一个故事。

23

地理标志应注册为集体或证明商标

在百色参加“广西实施商标品牌强桂战略大宣讲”活动时，我演讲的题目是《新时期品牌建设的法律保护问题》。讲完后，我意识到这其实是个永不过时的话题，可以一直讲下去。在公众号上，我也可以一直写下去。

这一篇就写地理标志。我发现广西的地理标志产品实在太多了。我一出百色火车站就看到了许多卖芒果的摊子和商铺，接我的工商局朋友立刻介绍：“百色芒果，我们的地理标志产品，注册了证明商标。”

专业的人说专业的话。地理标志是指标示某商品来源于某地区，该商品的特定质量、信誉或者其他特征，主要由该地区的自然因素或者人文因素所决定的标志。简单说就是，地理标志产品离开这个地方，就不是这个产品了。

地理标志本身是一项独立的法律权利，并不是商标。地理标志和商标的关系是这样的：首先是地理标志，然后注册为集体商标或证明商标，从而获得《商标法》的保护，并不是因为注册为集体商标或证明商标后，才变成地理标志的。

是不是地理标志产品是事实决定的，不是法律决定的。百色芒果是地理标志，不是因为百色市发展水果生产办公室于2015年8月10日申请了“百色芒果”的证明商标，而是因为百色市地处右江河谷腹地，右江河谷是与海南岛、云南西双版纳齐名的中国最好的三大热带季风地区之一，夏无台风，冬无霜冻，被誉为“天然大温室”“大果园”。这里出产的芒果果形美观、色泽诱人、肉质甜美、香味独特、营养丰富，从宋、元时期就作为地方名产进贡朝廷，历史悠久。广西现在已经是全国最大的芒果生产基地。

也正因为地理标志是属于当地人民共同的财富，所以地理标志也被大家称为区域公用品牌。这个品牌并不由集体商标或证明商标的注册人独自享有。比如，只要是在百色特定地区生产的符合特定品质标准的芒果，都可以使用“百色芒果”来标注自己的产品，但在没有得到百色市发展水果生产办公室的许可下，不能使用百色芒果的证明商标。

把地理标志注册为证明商标或集体商标，是为了当某人把其他地方生产的芒果或者品质不好的芒果也贴上“百色芒果”的标签时，可以依据《商标法》进行维权，禁止其使用该标签。不然的话，消费者就再也分不清哪个才是真正的“百色芒果”了，最后这个公用品牌就可能因滥用而在消费者心中失去了信誉。

因此，把地理标志注册为集体商标或证明商标是非常有必要的，《商标法》的保护对于维护地理标志产品的品质、声誉也都至关重要。不过由于地理标志申请注册集体商标或证明商标的程序比申请注册普通商标要复杂得多，建议委托专业人士办理。

至于“百色芒果”好吃不好吃，口味问题要因人而定，反正我一口气吃了六个，当然是小个的公芒果。悄悄告诉大家，经过这次百色之行，我才知道芒果原来是分公母的！

24

注册商标，“我全都要”

不久前我和几家企业开座谈会，探讨商标抢注和侵权的相关事宜，福建某网络公司的负责人表示自己公司还未遇见侵权事件，亦没有发现抢注商标情形。听到一家上市公司居然没有商标法律纠纷，我在高兴之余也为之庆幸。

该公司主要提供计算机软件的开发和设计服务，拥有相当强的技术实力，和用户确定合同需要较长的磋商时间，因此不易被假冒。即使他人使用较为相近的商标从事相同服务，由于相关消费者选择服务时会施以较全面的关注，因此难以造成混淆而损害其利益。所以该公司拥有2000多项专利，使用着5个不同的品牌，却总共只有几十件注册商标，主要集中注册在第9类的计算机软硬件等商品、第35类广告等服务、第38类信息传送等服务、第42类计算机硬件与软件的设计与开发等相关商品及服务上。

其实这不是个案。我曾经参观过一家著名的日本公司，该公司主要为电子产品提供电子配件，拥有上万件专利，但在中国只有9件注册商标。该公司在中国的客户均为大公司，每单合同都金额巨大，均由双方经过多次谈判后确定，根本没有混淆误认或者假冒的可能性。

看来，并不是每家企业都需要把一件商标注册在很多商品和服务上。但在实践中，确实也有很多企业把自己的主要商标在全部商品和服务类别上都进行了注册。

对于这种做法，我也能理解。虽然感到羞耻，但我还是得承认，国内实在有太多抢注商标专业户、品牌跟风爱好者，很多稍微有点名气的品牌都没有办法避免被抢、被靠、被仿的命运。这些品牌更多地集中在生活资料领域，在衣食住行的各行各业都有。

以小米为例。作为最具民族特点的食品之一，小米可以说是人尽皆知，喜爱者甚多。小米科技有限责任公司于 2010 年 4 月在电话商品上申请注册商标前，仅有 3 件“小米”商标，但在之后却有了 70 多件（非小米公司申请）。也就是说，在小米手机迅速成长为著名品牌之后，某些人终于发现，哦，原来小米作为商标也挺好！而作为受害者的小米科技有限责任公司在 2010 年注册了 7 件商标之后，也终于在 2012 年 2 月在全部 45 类商品和服务上申请注册了“小米”商标。

在全部商品和服务类别上注册商标，很重要的一个理由是防止驰名商标淡化。商标淡化的前提是很多人在很多商品上使用。但在实践中，真正的诚信经营者都把创建自己的品牌作为企业追求，选择商标时努力做到与别人不同，以避免被混淆和误认。只有那些试图抄、靠、傍的人才会抱着“捞一把是一把”的心态，乱用别人的商标。因此只要在那些容易被抄、靠、傍的商品和服务上注册商标，应该就足以避免被滥用。

不管出于什么理由，小米公司都有权利注册这么多商标，但是否确有必要就是另一回事了。我不知道小米公司将来是不是真的会生产工业用酶制剂、煤球机，或者提供婚姻介绍的服务，但肯定不会提供所有的商品和服务，比如导弹，比如消防。写到这里，我突然觉得“小米”导弹还挺好听的，但现在商标已经归小米公司了，“小米”导弹诞生的概率估计也不大了。

试想一下，如果真生产“小米”导弹的话，由于导弹的特殊性，大概也不太可能给小米公司带来什么纠纷，那么小米注册该商标的意义大概只剩下“注册了”而已。

可“注册了”绝不仅仅是简单的三个字，后面包含着各种财力、物力和人力的消耗。浪费资源，虽然是个简单的理由，但的确是我不赞成在全部商品和服务类别上注册商标的主要原因。当然，这只是我的一己之见。

说到底，一件商标究竟要在哪些商品和服务上申请注册，并非是一件简单的事情。做到恰到好处，还真需要综合考量，下一番真功夫。

25

公司全称可以申请注册商标吗

某天我刷微博看到一条消息：李连杰在国外现身公开活动，50 多岁的他已严重驼背，尽显老态，曾经意气风发的他如今却苍老成这般模样，令网友唏嘘不已。

对此，我十分难过。如果我也算有追星史的话，李连杰就是那个唯一的明星。我永远记得小学时坐在电影院第一排看《少林寺》的情景。觉远和尚英俊、勇敢、灿烂又憨厚的笑，瞬间就征服了一个小姑娘的心。

1982 年，电影票价是 1 毛钱，但李连杰主演的《少林寺》的内地票房纪录据说是 161 578 014 元。我当时买到了第一排座位还是幸运的，有的人买的是站票。30 多年过去了，觉远和尚在我心里依然是李连杰饰演过的最迷人的形象。

虽然在我眼里，觉远和尚和李连杰是一体的，是我小女孩时代的唯一男神，但二者毕竟不能画等号。觉远和尚是个电影角色，永远留在 18 岁，而李连杰是个活生生的人，如今早已经老了。

我也老了，老到可以区分觉远和尚和李连杰，也能区分开商标与企业全称。虽然商标和企业全称的区别似乎不言而喻，但企业全称能不能作为商标注册，还真不是个简单的问题，就算是在号称平均智商超过 120 的商标授权确权行政机关，这个问题也争论了很久。

争论到现在的结果就是，企业全称不得作为商标注册。这一结论和十多年前的认识是一致的，但这期间另一种观点占过上风，企业全称也一度作为商标被核准过若干。

这也就可以理解为何第 20690320 号商标申请人执着地申请复审，并提出如下理由了：申请商标“广州铧润溢嘉化工有限公司”为申请人企业名称，具有较强显著性，直接表明了商品的提供者，具备区分商品来源的功能。

商标的作用就是标示商品和服务来源于哪一家企业，企业全称当然能更直接地标示商品来源，但我们并不能由此得出结论：企业全称也可以作为商标。打个可能不太恰当的比方，杯子的主要作用是盛水，花盆也能盛水，但我们并不能得出结论——花盆也是杯子。当然也可能有人就用花盆来喝水，但我们不能要求商家把花盆摆在杯子的那个货架上当杯子来卖。一家企业可以用企业全称来区分商品来源，但不能要求获准商标注册。

虽然不同的事物可能会存在一些相同的功用，但我们并不会因此认为一种事物就是另一种事物，就像能打电话的手表和能看时间的手机一样。商业标识也一样，企业全称和商标有着不同的领地。商标局黄丽处长曾专门写了文章《对企业全称商标注册问题的解读》论述这一问题，愿意一探究竟的朋友可以读一下。

我更喜欢直接告诉朋友们，目前企业全称不能获准商标注册。第 20690320

号商标驳回复审案中，商标评审委员会表述得很明确，申请商标由文字“广州锌润溢嘉化工有限公司”构成，相关公众易将其作为企业名称识别而非作为商标识别，缺乏商标应有的显著特征，已构成《商标法》第十一条第一款第（三）项所指的情形。

之所以再谈这个问题，是因为我近期不止一次看到把企业全称申请为商标的案例，比如北京时尚控股有限责任公司提出申请被驳回后也提出了驳回复审。我一向认为能够提出驳回复审绝对说明了申请人对商标的重视，值得认真对待。商标评审委员会也确实认真地驳回了这一申请。

我承认，在现实中有时各种商业标识的边界本身就是模糊的，人的认知也难免会有模糊的时候。小姑娘时的我真的分不清自己喜欢的是觉远和尚还是李连杰，但现在的我真心祝愿李连杰健康长寿。而商标一旦注册了，不管使用者是谁，只要及时续展，理论上商标可以永远活着，虽然企业全称不能注册为商标，但我希望每一个企业全称都能像商标一样长命。

26

商号与商标需要一致吗

有人问我：“企业是不是应该让商号和商标一致？”商号和商标一致确实是不错的选择，可一家企业只有一个商号，却可以有很多商标，不可能都一致。而且由于某些原因，有一些企业从开始就选择了商号和主打品牌不一样，注册商标当然也与商号不一样，所以强求更改为一致倒也不是不可以。

尽管企业商号与商标一致或者不一致都不影响企业的运营，可是在已注册取得商标权的法律制度下，为了对付某些特别“懂法”的人抢注他人商号作为商标的行为，我还是建议可以把商号也注册为商标，即使不使用。虽然我一点儿也不赞成注册不打算使用的商标的行为，但是为了少一些打官司的麻烦，也只好提出这个自相矛盾的“下策”了。

以下这个案例，可以为我的“下策”提供佐证。

山东山建机械有限公司（以下简”称山建公司“）是一家从事建筑机械、五金交电生产销售的公司，其已经注册的商标为“SDJJ”，其在运营过程中，发现济南建凯机械有限公司（以下简称”建凯公司“）在搅拌机等商品上注册了“山建”商标。

山建公司不得不进入行政与司法程序对建凯公司的“山建”商标提出撤销申请。山建公司的主要理由是，其成立于2002年12月，经过多年发展，在建筑机械行业内具有较高知名度，“山建”是其在先取得的企业字号。同时指出，建凯公司股东、监事丁某原为山建公司股东，建凯公司注册“山建”商标为恶意抢注。山建公司提交了一系列证据来证明其主张。

本案历经商标评审委员会、北京知识产权法院、北京市高级人民法院三审，最终一致裁定撤销“山建”商标（以下称争议商标）。高院判决是这样表述的：根据山建公司所提交的证据，可以认定，在争议商标注册申请日之前，山建公司自2002年始在经营活动中均以中文汉字“山建公司”“山建”对外进行宣传或使用，且争议商标的标识“山建”与山建公司的商号“山建”文字构成相同，争议商标指定使用的搅拌机（建筑）、输送机等商品与山建公司提供的建筑机械及配件的生产、销售、维修等商品及服务相同或类似，争议商标的使用极易导致相关公众误认为其商品来源于山建公司，从而产生混淆和误认。故原审法院及商标评审委员会认定争议商标构成对山建公司的在先商号权的损害并无不当。

山建公司虽然最终赢了官司，但毕竟付出了精力和财力，好在他们也吃一堑长一智，在提出争议的同时，也提出了“山建”商标的注册申请。在商标评审委员会撤销“山建”商标后，他们又分别于 2014 年、2015 年两次提出了注册申请。

需要说明的是，在实践中，认定注册商标侵犯他人在先的商号权时要求较高，不仅在先商号要有较高知名度，该企业经营范围与诉争商标指定使用的商品属于同一行业，而且还要求商标标识与商号高度近似，一般来讲，这一近似度往往要高于商标标识近似的要求。所以保护在先商号权要难于保护在先商标权。特别是商标局在初步审查时，会主动引证在先商标驳回在后申请商标，商标权人不用参与甚至都不知晓，其权利就获得了保护。所以，就目前的商标注册环境而言，即使不使用商号作为品牌，把它注册为商标也对企业更有利一些。

其实写这种文字真让我心中感到悲凉，作为审查员竟然建议当事人注册不会使用的商标，但理想再丰满，也得立足于骨感的现实。商标库里不使用的商标多如牛毛，也不差再多几个为了保护商号而注册的。所以，商号，如果可以的话，还是注册为商标吧！

27

“银行”商标，银行专属

“Bank”一词有多种含义，其中“银行”的含义为多数中国人熟悉，商标注册人似乎也愿意使用，比如“大汉流量银行 Dahan Flow Bank 及图”“GS Bank”“健康银行 Health Bank”“718Bank”等。

上述商标均是商标评审委员会 2017 年审结的驳回复审案件，结论也一致，均被驳回。

“大汉流量银行 Dahan Flow Bank 及图”商标案裁定认定：申请人的名义为上海大汉三通通信股份有限公司，其与申请商标中包含的文字“大汉流量银行”不符，且二者存在实质性差异。同时，“银行”一词通常会被相关公众理解为指代金融机构。据此，申请商标具有欺骗性，易使相关公众对服务的来源等产生误认，故申请商标属于《商标法》第十条第一款第（七）项所指不得作为商标使用的标志。

“GS Bank”商标案裁定认为：申请商标包含“Bank”，与申请人高盛公司名义不符，用作商标易使消费者产生误认。申请人提交的在案证据不能证明申请商标具备可注册性。

“健康银行 Health Bank”商标裁定认为：申请商标“健康银行”使用在指定服务上，与申请人无锡金世纪国民体质与健康研究有限公司的名义不符，易导致相关公众对服务来源产生误认，构成《商标法》第十条第一款第（七）项所指之情形，不得作为商标注册。

“718Bank”商标裁定：申请商标中的“Bank”译为“银行”，与申请人新毅控股有限公司名义不符，使用在指定的服务上，易造成消费者的误认，不得作为商标使用，属于《商标法》第十条第一款第（七）项规定之情形，不得作为商标注册。

直接用“银行”汉字申请的商标，待遇与“Bank”相同。

“恒大银行”商标案裁定认为：申请商标为纯中文商标“恒大银行”，该文字与申请人恒大地产集团有限公司名义不一致，指定使用在银行等服务上，易使消费者产生误认。

“学分银行”商标案裁定认为：申请商标“学分银行”与申请人学分在线（北京）国际数据科技有限公司名义不符，会造成相关公众对服务来源的误认，不得作为商标使用，其注册申请违反了《商标法》第十条第一款第（七）项的规定。

“生命银行 Life”商标案裁定认为：申请商标的显著认读中文为“生命银行”。其中“银行”为行业名称，申请人为上海莱馥生命科学技术有限公司，为非银行企业。申请商标易使公众产生误认，构成《商标法》第十条第一款第（七）项规定的情形。

当然，如果申请人就是银行，就一般不会适用第十条第一款（七）项规定了。如大华银行有限公司的“大华银行 UOB 及图”商标、华夏银行股份有限公司的“华夏银行 Huaxia Bank 龙行五洲 Financial Service Overseas 及图”、泰安银行股份有限公司的“泰安银行 Taian Bank”商标，均已核准注册。

我罗列了这么多裁定是想说明，银行作为依法成立的经营信贷业务的金融机构，已经是经济生活必不可少的组成部分。虽然消费者大都挺聪明，对于那些标着“××银行”却不是银行的企业，大多数有着脑筋急转弯般的应变能力，但在商标注册上保持“银行”的纯净性，我个人认为是必要的。

建议不是银行的企业或个人就不要申请注册含“银行”和“Bank”的商标了。如果该标志构成《商标法》第十条第一款第（七）项所指情形，不仅不能注册，就连使用也是不被允许的。

28

茫茫“标海”，如何让自己被看见

来到广西贵港，才知道贵港算得上是个大城市，有500万人口，贵港港是中国西部地区内河第一大港。这里的内河是指西江。

我们是中午到达的，一落地就要参加下午贵港富硒农产品协会组织的座谈会，参会的多是农产品公司，展厅里陈列的也都是富硒产品，因为贵港的土地含硒较高。

补硒是近些年兴起的一个养生概念。我不觉得自己缺硒，没怎么关注过，但含有“硒”的商标倒是审查过几件，基本上都驳回申请了，驳回的理由是可能造成消费者对商品原料的误认。

被驳回的企业感到委屈，都辩称其产品确实含硒，不会发生误认。我理解企业的想法，只是在目前的《商标法》框架下，商标授权时指定使用的基本都是普通商品，比如“硒来康”商标，指定使用的商品是米、茶等，而不是含有硒的米和茶。也就是说，这个商标一旦获准注册，注册人使用在不含硒的米和茶商品上，也是合法的。

为了避免“晒来康”商标被使用在不含硒的米和茶商品上，“硒来康”商标注册申请被商标局驳回。驳回理由为：该商标中包含的“硒”，是一种对人体有益的微量元素，易使消费者对指定商品的原料特点产生误认，不得作为商标使用。看起来似乎行政机关有点操心过度，但作为食品、药品等与人的生命健康息息相关的商品，谨慎总是可取的。

法律的制定和适用是利益衡量的结果，是为了解决当下的实际问题。因此我国2013年修改《商标法》时才新增加了《商标法》第十条第一款第（七）项规定，即带有欺骗性、容易使公众对商品的质量等特点或者产地产生误认的标志不得作为商标使用。

在我看来，这是一条相当严厉的条款，连使用都是违法的，当然不可能通过使用而获准注册商标。因此，一旦适用这一规定驳回商标注册申请，等于堵死了这个标志作为商标注册的可能。我想，没有人会坚持使用一个被判了死刑的商标继续做品牌吧。

企业总是希望品牌可以表达商品的主要品质，但表达品质不一定要采取直接的方式，暗示或联想是更好的办法。虽然在目前有1400万件在先注册商标的情形下，想到一个独特又寓意美好的商标确实不容易。不过也有人持不同观点，比如宣讲团中同行的一位老师认为，只要有足够的智慧，好的商标名字其实多的是，根本不存在商标文字资源用尽的可能。

再举两个被驳回的商标注册申请案例。一件是使用在饲料、动物饲料商品上的“坚特酵母 Jiante Yeast”商标，另一件是使用在医用冲洗器、外科用海绵、婴儿用安抚奶嘴等商品上的“普肽 ProteLight”商标，两件商标被驳回的理由均为易使消费者对商品的原料、功能等特点产生误认。虽然两件商标的申请人都声称申请商标经宣传使用已具有一定知名度，但均没有得到商标局和商标评审委员会的支持。

如何起个好的商标名字有很多学问，但这里我要再一次强调，尽可能不要和所使用的商品直接发生关系。商标总是要寻求法律保护的，而这一类商标获得法律保护的可能性实在太小。在座谈会上，我也把这一点向贵港的企业家做了介绍，他们表示因为已经被驳回多次，已经明白了这一条规则。看来血淋淋的事实确实胜于言诤诤的规劝。我实在不想看到更多企业付出血淋淋的代价。创立品牌本来就是件不容易的事，从一开始就选对品牌标志当然是重中之重。

29

商标选择与佛祖、耶稣

牛街是北京回族聚集地，有著名的清真寺。在这里，我们经常能看到身着民族服饰的人来来往往。

我是汉族人，也是坚定的无神论者，但我面对佛祖、观音、基督的圣像时，也会鞠躬行礼，不是因为信仰，是出于尊重。这些深刻影响了人类历史的形象，绝对值得我们给予足够的尊重。所以行走在牛街上，我总是小心翼翼，格外注意自己的言行，生怕因自己一时口误或有不当行为冒犯了别人。别人有权利选择自己的宗教，我则应该学会尊重别人的选择。

即使是那些民间的山神、土地，虽然没有归入系统的宗教，但也是一方百姓祈拜的神灵，在信拜者心里也常常是降福施恩于人间的圣者。正因为神灵在人们心里常常代表着福报、安全等美好的愿望，有些人在做生意时不仅会焚香鞠躬敬神灵，在选择商标时也想着要沾点神仙的灵光。

只是不管哪路神灵，享受的都是人间的香火，而非市场的喧哗。就算某神不慎崴了下脚，想体会下人间的烟火，在商标注册上登记了下，时辰一到，还是会回归神座。

比如泰山大帝。

第3011175号“泰山大帝”商标于2003年获准注册，所有人为山东万佳建材有限公司。10年之后，泰山石膏股份有限公司向商标评审委员会提出了无效宣告申请。

泰山石膏股份有限公司的主要理由是“泰山大帝”商标有害于宗教信仰、宗教感情或民间信仰，提交了泰安市民族与宗教事务局出具的关于宗教偶像“泰山大帝”不适于作为商标使用的说明，以及关于泰山大帝的网络报道等证据。

山东万佳建材有限公司在商标评审委员会规定的期限内未予答辩。

经审理，商标评审委员会认为，泰山大帝为道教众神之一，是道教在山东泰山地区独有的神灵名称，作为商标使用，容易伤害宗教人士的感情，从而产生不良影响。且山东万佳建材有限公司也位于山东境内，应当知晓泰山大帝的宗教意义及其注册为商标易产生的不良社会影响。依据《商标法》第十条第一款第（八）项规定，对“泰山大帝”商标宣告无效。

山东万佳建材有限公司收到了这个裁定，表示不服，提出诉讼，并且一路起诉到最高人民法院。

最高人民法院判决如下：

“本案中，万佳公司提交的《泰安市志》《泰安地区志》《中国神怪大辞典》等书籍及中国道家协会网站等网站中记载：东岳泰山大帝为道教众神之一，又有‘东岳大帝’‘泰山神’‘东岳仁圣天齐王’‘泰山府君’等称谓，是道教的山神、阴间的统治者，其不但被历代帝王封禅，同时在民间百姓和道教信众中长期受到供奉和膜拜，具有极高的宗教地位。

“泰安市民族与宗教事务局、泰安市道教协会也出具说明证明‘泰山大帝’系道教神灵的称谓，他们的认知本身即是相关机构人士的认知。

“万佳公司以及争议商标原申请注册人将‘泰山大帝’作为商标加以注册和使用，可能对宗教信仰、宗教感情或者民间信仰造成伤害，从而造成不良影响。因此，争议商标属于《商标法》第十条第一款第（八）项规定的情形，应予撤销。”

虽然万佳公司十分努力地想让泰山大帝多感受些人间的烟火气，但最终还是没有把这位神灵留在市场。

最高人民法院的判决说得很清楚：如果某标志含有宗教含义，不论相关公众是否能够普遍认知，标志是否已经使用并具有一定知名度，通常可以认为该标志的注册有害于宗教感情、宗教信仰或者民间信仰，具有不良影响。

在另一件“三峡佛印”商标案中，商标评审委员会、一审法院、二审法院同样一致认为该商标属于与佛教有关的用语，作为商标注册使用可能会伤害佛教信徒的感情，易对我国的宗教信仰秩序产生消极和负面的影响，最终该商标被宣告无效。

沾满人世铜钱气的商标，还是主动避开宗教、神仙为好。否则，就算费老大劲儿打官司，也只可能惹得神仙不高兴，信众有怒气，而行政机关和法院也基本不同意。

相信即使使用人间的标识，只要诚信经营，老天也会保佑遵纪守法、诚信经营的人生意兴隆的。

30

重口味标识的不良影响判断原则

在北京某大型购物中心，有一家“便所”欢乐主题餐厅，据说里面的盘子是马桶的样子，而许多食物的形状就是一坨大便的形状。我从窗前走过，看到里面居然坐满了吃得津津有味的人们。

这个时代的重口味常常就这样超出我的想象力。不过，如果人家的重口味仅仅局限于自己家里，没影响到别人，我倒也没有权利评说什么，毕竟关起门来做的事，纯粹是个人事务。

说到不良影响，我又要发点职业病“呓语”了。因为判断一个标识是否构成《商标法》第十条第一款第（八）项规定的有不良影响的情形，也算是我的工作中相当困难的一部分。因为对于这个问题的认识，分歧常常大到如吃榴梿一样，而且每个人的认知绝对都是来自“内心确信”。

只是作为审查员，对一个标识是否具有不良影响的判断，绝对不能仅仅根据个人好恶。虽然面对从图形到文字的千奇百怪的各种标识，实在没有办法制定一个统一的硬性标准，但总还是要在基本原则之下，根据不同情形进行个案判断。

所以，真正要讨论的其实还是基本原则。这里举一个骷髅图形案例。

在此将北京市高级人民法院的判决抄录如下。先做声明，我是支持这个判决的。

“申请商标图形部分与英文文字部分各占标志面积的二分之一，维克迪公司有关申请商标的显著识别部分为英文文字部分的主张缺乏事实法律依据，本院不予支持。申请商标图形部分虽然与通常的骷髅图形略有差别，但仍然体现出骷髅的主要特征，相关公众看到该图形仍会将其识别为骷髅。虽然随着时代的发展，市场上已经出现以骷髅图形为设计元素的商品，并被年轻的消费群体接受，但骷髅图形尚未成为全社会所普遍接受的图形，仍然会有部分人群见到骷髅会联想到死亡，并产生恐惧、不适之感。维克迪公司相关上诉理由缺乏事实及法律依据，本院不予支持。”

法院最后判定该图形具有不良影响。客观地说，对骷髅图形的感觉，绝对是因人而异的。对于医生、画家等特定人群来说，它可能还是相当有亲切感的图形。我就亲耳听到一位画家边画边说：“这骷髅头多具有美感呀！”但这并不意味着骷髅图形应该被接受注册为商标。因为商标面对的是所有的人，我们必须要考虑那些会“联想到死亡，并产生恐惧、不适之感”的人群。有这些人存在，就应该认定其具有不良影响而不予注册。用宗教的例子来类比更容易接受和理解。任何一个宗教的信众都是部分群体，一个标识只要伤害到这部分群体的感情，就具有不良影响。

虽然有句话说，存在即合理，但这并不代表存在的都是有益的。无论行政机关和法院用多大力气挡住可能产生不良影响的标识注册为商标，也挡不住某些人坐在明亮的大厅里公然吃着“马桶”里的饭菜。

《商标法》第十条的规定是“不得作为商标使用”，不予注册只是在确权程序中的决定。我查了一下，还真有 3 件餐厅服务上的商标注册申请含有“便所”二字，不过都被驳回了。但如何才能禁用不是本文要探讨的，我也提不出什么好的建议。

唠叨了这么多，只想说明一下，作为个体，可以选择或者喜欢重口味，而注册和使用商标事关大众。面对丰富人性中的无限种可能性，相关机关和法院谨慎处理不良影响还是有必要的。

31

商标使用的第一个致命错误

我之前在多篇文章中谈到过，《商标法》第十条禁用条款非常严厉，一旦适用该条款驳回商标注册申请，就意味着行政机关已经认定该标志不能作为商标使用，继续使用就是违法的。

2018 年 6 月，我在广西六个城市做了普法讲座，对企业界朋友强调的第一点就是，绝对不要选择那些《商标法》规定不能作为商标使用的标识做品牌，这样的错误是致命的。

但 6 月 11 日这天，我还是同时遇到了三件事情，心情真有点复杂。

第一件是有朋友在公众号后台问我这个问题：“张老师，我有个朋友注册 ××× 商标，被受理之后把 TM 使用在产品上。现在工商局说不能在包装上打

×××这几个字，我想问一下，这是什么情况？”

第二件是有朋友的朋友在电话中问我，他们公司选的商标获准注册的可能性很低，但如果他们坚持使用，有名气后是不是就能注册，没有风险了？

第三件是微信朋友圈大量转发国家市场监督管理总局办公厅下发的“市场监管总局办公厅关于印发《开展打击使用未注册商标违反＜商标法＞禁用条款行为“净化”专项行动方案》的通知”。

这三件事情看起来似乎是独立的，实际上密切相关。正因为不少企业不知不理法律的规定，强行使用不得作为商标的标志作为商标，国家市场监督管理总局才要开展专项行动，基层工商局具体开始落实，被查处的企业便只能着急上火了。

查处是有法律依据的。《商标法》第五十二条规定，使用未注册商标违反本法第十条规定的，由地方工商行政管理部门予以制止，限期改正，并可以予以通报，违法经营额五万元以上的，可以处违法经营额百分之二十以下的罚款，没有违法经营额或者违法经营额不足五万元的，可以处一万元以下的罚款。

一旦被查处，后果就会很严重。做企业的都知道，“改正”两个字并不是说说那么简单，意味着之前大量的金钱、时间、感情投入都打了水漂，所有关于品牌的规划都得重头再来。这损失真不是谁都能承受得起的。

既然法律规定得这么明确，为什么还是有人会继续使用呢？我想有两个原因：一是不知法、不懂法还不去学法，表现出的是无知者无畏的“英雄气概”；二是知法犯法，期望可以蒙混过关，表现出的是精明者的侥幸心理。但无论什么原因，事实证明违法者最后总是要承担后果的。

我见了太多的案例，也很理解创业的不易，所以在电话里对第二个问题进行了详细的解答，但其实对两个问题最有力的解答就是市监总局的这份文件。我想强调的是，行政机关对商标申请的驳回决定书，是非常严肃的有着法律效力的行政决定，必须得到尊重。同时，应当尊重的还有社会公序良俗和公共利益。当“叫了个鸡”“叫了个鸭”这样的商标都堂而皇之地满大街推广时，“规范商标使用管理秩序，有效防范和消除商标使用行为可能产生的不良社会影响，净化市场竞争环境”就成为必须要做的事情。

我很希望书中之前的内容，企业能看进去，避免成为被查处的对象，少走弯路，避免损失。没看进去也没关系，我相信市场监督管理总局也会让《商标法》第十条的规定深入企业心的。我自己也会继续讲下去，万一有企业听进去了呢？理想总是要有的嘛。

32

同是十三香，相煎何太急

最近我看了一段关于“十三香”商标的视频新闻，就上网查了下“十三香”商标的情况，然后我看到了这样一句话：“都是劳动人民，相煎何太急！”

找不出一个合适的词描述自己那一刹那的心情，着实是有一百分理解，一千分着急，一万分无奈。

故事不奇，就是一个很平常的案子。

咸阳市秦都区富民十三香饭店（以下简称“富民饭店”）主要卖凉皮，于2000年4月在餐馆等服务项目上提出“十三香”商标的注册申请，2001年8月7日获准注册。2014年4月，驻马店市王守义十三香调味品集团有限公司（以下简称”王守义公司“）对该商标提出了撤销三年不使用申请（简称撤三），商标局于2015年做出了不予撤销的决定。富民饭店把这份决定在公司网站上贴了出来，并在下面写了两行大字：

都是劳动人民，相煎何太急！

以和为贵，才是正道！

对此，我十分认同，可是这世上没有无缘无故的“煎”。王守义公司就是想成为独占“十三香”商标的唯一的劳动人民。

王守义公司于1999年9月29日在调味品等商品上向商标局提出“十三香”商标注册申请，历经异议、异议复审，终于在2004年拿到了注册证。

此后，王守义公司在多年内对十多家其他公司在调味品等商品上的多个含有“十三香”的商标提出了无效宣告申请。有的申请获得了商标评审委员会和法院的支持，有的没有获得支持。但总的来说，由于王守义十三香的知名度，获得支持的是大多数。

在“越远十三香”商标无效宣告案件中，北京知识产权法院认为，“越远十三香”商标指定使用的加工过的瓜子等商品与王守义“十三香”商标指定使用的锅巴等商品均为小吃类食品，在功能用途、销售渠道等方面接近，属于类似商品，两商标构成使用在类似商品上的近似商标。结果当然是“越远十三香”商标被宣告无效。

但王守义公司于2016年对富民饭店的“十三香”商标提出的无效宣告请求，没有得到商标评审委员会的支持。虽然申请时间晚半年，但此时富民饭店的“十三香”商标已注册了15年，而且获准注册时间比王守义公司最早获准注册的调味品上的“十三香”商标还早3年。

富民饭店的那句话于2015年就贴在了网上，但显然王守义公司没有看到，或者看到了也没有理会。我对王守义公司穷尽一切法律手段想打掉其他企业拥有的“十三香”商标的行为不作评价。作为执法人员，我当然也尊重所有劳动人民依法主张权利的行为。

我只是想提醒一下那些像富民饭店这样的企业：作为知识产权的商标，作为在同一种或类似商品上只能有唯一存在的商标，“相煎”真的是常态。因为，只有把你的商标“煎”掉，人家的才能进来。虽然这种“煎”有时是为了维护合法权益，有时是为了获取额外利益。

至于王守义公司或者富民饭店为什么要用“十三香”商标，这么主观的事情，我就不进行主观推断了。

我对烹饪兴趣不大，也不喜欢浓郁辛香的味道，对“十三香”没有研究，仅有的直观认识还真来自厨房里的“王守义十三香”调味粉，虽然我只偶尔在炖肉时才用一下。但经查询得知，十三香真的还有很多种说法，也很有些历史，甚至有一首歌唱的就是十三香。

不过以目前情形来说，十三香有多少故事、多长历史真的不重要了，在王守义公司大量使用的前提下，“王守义”和“十三香”产生了密切联系，均成为消费者识别王守义公司调味品商品的标志，王守义“十三香”商标算得上为公众熟知了。

但据陕西的朋友说，富民饭店的“十三香”商标从2001年获准注册后一直使用至今，而且他家的十三香凉皮味道地道，相当美味。

只是，就算富民饭店的“十三香”商标真的一直在使用，就算已经被“煎”了两个回合，也不能保证从此再不受“煎”，毕竟“撤销三年不使用”申请，任何人都可以随时提出。

作为审查员，我早就习惯于各种相煎的残酷事实。想想这个职业真是挺悲哀的，整天看世间的你争我夺、相“煎”相斗，各种小心眼儿和坏心眼儿在卷宗里或明或暗地耍来耍去。从事这个职业，想要老来有张慈眉善目的脸，还真要付出不同寻常的努力。

但我还是真心希望，所有劳动人民都能牢记：以和为贵，才是正道。

33

“碰瓷”名牌使不得

朋友们，看到下面两个图后，请停顿两秒钟，想一想，你在哪里见到过？这两个图又代表了哪两家公司？

不知道有多少人能够识别出来。

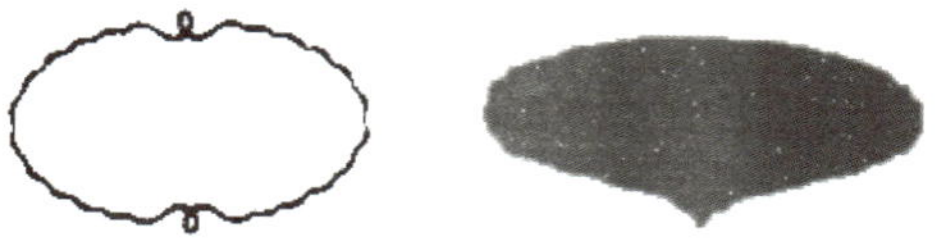

识别不出来也没关系，你可以接着思考下一个问题：这两个图形是商标吗？

答案可能会有争议，因此就不费你过多心思了，直接公布：这两个图形均为注册商标，前一件图形商标的所有人是美国通用磨坊食品公司，后一件图形商标的所有人是雀巢产品有限公司。

要是你还是不知道这两家公司都是做什么的，我可以继续提示。美国通用磨坊食品公司有这两件商标：

雀巢产品有限公司有两件商标如下：

当然，这两家公司不止拥有这几件商标，仅在中文名称下就各自拥有上百件商标。

我之所以专门挑了这几件商标出来，是因为这两家公司分别引证上述商标对他人商标提出了异议。两件被异议的商标分别是：

前者于 2009 年 10 月 20 日由自然人谢某提出注册申请，指定使用在第 43 类备办宴席、自助餐馆等服务上，商标局初步审定并予公告后，美国通用磨坊食品公司在法定期限内向商标局提出异议申请，然后历经异议复审、法院一审、法院二审，在 2016 年 7 月 21 日，北京市高级人民法院做出终审判决后，被核准注册。

后者于 2009 年 12 月 18 日由浙江省粮油食品进出口股份有限公司提出注册申请，指定使用在第 30 类茶、调味品等商品上。商标局初步审定并予公告后，雀巢产品有限公司在法定期限内向商标局提出异议申请，然后历经异议复审、法院一审、法院二审，终于在 2016 年 7 月 15 日，北京市高级人民法院做出终审判决后，被核准注册。

商标局、商标评审委员会、北京市第一中级人民法院、北京市高级人民法院一致认为，在仅仅背景图形轮廓较为接近的情形下，文字作为主要识别部分，组成、呼叫、含义等方面明显不同，不会导致相关公众的混淆误认，从而分别对两家公司提出的异议理由不予支持。

但两件被异议的商标从申请到注册，均经历了近 7 年的时间，这是中国公司的平均寿命。

我不知道这两件商标为什么要选择这样的背景图案，是因为这样的花边简单常见而随手选用，还是确实受到他人商标的影响而刻意采用？

反正两件商标所有人在答辩中都称其系独立设计，诚实使用，并已有一定影响力；异议人恶意提出商标异议申请和商标异议复审申请，给其造成了重大经济损失。

但两家公司提出异议的理由都包括：被异议人注册申请完全包含他人在先注册商标的被异议商标，具有极为明显的恶意，意图通过复制抄袭他人商标、借助他人商标的知名度来牟取不正当利益。

虽然异议人的理由在案件中并没有得到支持，但我也不认为提出异议的两家公司有什么不妥，不过是依法维护自身权利而已。毕竟谁都可以认为自身权利可能受到损害。

我之所以把这两件商标挑出来，不过是想提醒一下诚实信用的商标使用人，在申请注册商标时，连背景、花边这样的部分也要尽可能避开某些比较知名的商标——你以为这不过是花边和背景，人家却认为你动了他的商标。

而大公司有的是财力和实力，给你的商标提个异议，在公司的运营表上连个“花边”都算不上。

可是对于大部分没那么大的企业来说，一旦申请注册的商标被提出异议，多少还是会影响自己实现小目标的进程吧。

所以请大家注意，花边，从来不只是花边那么简单。

34

“中开利国”还是“中国开利”

今天接到一个电话，声称来自法院，说我有一张传票要过期了。我都没有兴趣听下去，就直接挂了。对于无数次接到过出庭传票的我来说，“传票”两个字还不足以吓着我。

在了解内情的人眼里，很多骗术不过就是点小把戏，一下子就能看穿，但对于没有经验的实诚人来说，可能就难免上当。大概就是因为人总会有看走眼的时候，骗子们才会坚持不懈地使用这些简单的把戏。

商标抢注一直是个难以解决的问题，完全不讲诚信的抢注者们总是反复地使用那几招来规避法律，虽然最终都难逃正当权利人和审查员的法眼，但蒙混过商标初审,有时还真是有可能的。比如这些商标“红妙牛饮”“中开利国”“九经”“牧典”。

仅这么顺着看文字本身，还真很难看出什么名堂。在没有其他因素影响的情况下，真不能就主观断定“中开利国”和“开利”是“父子”还是“兄弟”，这四个字中规中矩，也没有突出哪个字，视为不相干的两家人也算是正常思维。

不过，商标案件做久了，只要有一些外在影响，总是会很快发现不正常的地方。比如当开利公司提出无效宣告请求并提交了其知名度的证据后,再看“中开利国”，也会一眼读成“中国开利”。主观上有了成见后，汉字的顺序就变得不那么重要了。这也是很多山寨商标能够成功骗过消费者的原因。

第 15679765 号“中开利国”商标无效宣告案一审也不复杂。“中开利国”商标由开利（天津）科技发展有限公司于 2014 年 11 月 13 日向商标局提出注册申请，2016 年 1 月 7 日被核准注册，指定使用在第 11 类空气冷却装置等商品上。

开利公司于 2017 年 1 月 26 日对第 15679765 号“中开利国”商标（以下称争议商标）提出无效宣告请求。

开利公司称其于 1915 年在美国成立，目前是世界上最大的暖通空调和冷冻设备供应商。争议商标“中开利国”与开利公司三个在先的空调等商品上的第 10493723 号“开利”商标、第 288047 号“开利 Carrier”商标、第 175315 号“开利 Carrier”商标已分别构成使用在类似商品上的近似商标；同时争议商标的文字包含了申请人在先使用并具有较高知名度的商号“开利”。

开利公司提交了用于证明该公司及其商标、商号具有较高知名度的中国子公司营业执照、广告宣传、销售，以及所获荣誉等相关材料。

商标评审委员会认为，争议商标文字“中开利国”完整包含了引证商标一、二、三中的“开利”，且争议商标文字易被相关公众认读识别为“开利中国”等，相关公众在隔离状态下施以一般注意力时，易将争议商标误认为与引证商标一、二、三之间具有特定关联，从而造成混淆，争议商标与上述三枚引证商标已构成近似商标。争议商标指定使用的空气冷却装置等全部商品与引证商标一、二、三核定使用的空气调节装置等商品属于类似商品，故争议商标与引证商标一、二、三已分别构成使用在类似商品上的近似商标。争议商标予以无效宣告。

本案中，开利公司还认为“中开利国”商标侵犯了其商号权，但商标评审委员会认为其提交的在案证据尚不足以证明其主张的在先商号在争议商标的申请日之前经使用已具有了较高的知名度，没有支持该理由。

作为一件无效宣告商标案来说，这起案件的案情实在太过简单，结论也毫无争议，是一件白开水般平淡的案件。但对于企业来说，这件案件给他们带来多少损失就不得而知了。该商标从 2016 年 1 月被核准注册，到 2017 年 11 月被宣告无效，近两年的时间里不知道是不是使用过，是怎样使用的，也不知道开利公司是怎样发现这件商标的存在的。

这件商标是四个字作为一件商标注册的，发现起来还容易些。有些商标是作为两件甚至多件商标分别申请的，比如“九经”和“牧典”，仅凭文字标识很难说“九经”和“九牧”构成近似商标，但商标可以联合使用，两件商标一起使用时就可能会被识别为“九牧经典”。

对于抄、靠、傍商标的人来说，这些都是些他们使用了几十年的老招数，但是对于诚信的在先权利人来说，依然需要火眼金睛才能发现。“九经”和“牧典”商标也被商标评审委员会宣告无效了，但不管行政机关以多么坚定的态度打击恶意抢注，提起无效宣告还得靠当事人自己。所以，保护商标权利，当事人永远是主角。

35

NEW BALANCE 的“国产”之路

一位不从事商标行业的朋友说，她总是搞不清楚“纽巴伦”鞋和“新百伦”鞋是怎么回事，希望我能讲一讲。

NB NEWBALANCE

这事还真一两句讲不清楚。我得从 1981 年 10 月 17 日注册申请的三件商标讲起。

这三件商标指定使用的商品都是鞋，申请人是一家美国公司，名为新平衡运动鞋公司，后更名为新平衡体育运动公司（以下简称“新平衡公司”）。

美国公司采用英文商标很正常，而且“NEW BALANCE”的意思就是新平衡，与公司名称一致，用在鞋上，寓意美好。

不过对于二三十年前的中国人来说，商标有一个对应的中文名字，呼叫和记忆会更方便点。于是，“NEW BALANCE”最初时就对应了“纽巴伦”，采用谐音，听着也洋气。

在 1998 年 8 月，广东省潮安县东凤东一多利多鞋类制作厂向商标局提出了鞋商品上的“纽巴仑”商标注册申请，于 1999 年 10 月获准注册，2000 年 7 月转让给广州市荔湾区多利多鞋业（以下简称“多利多鞋业”）。随后，多利多鞋业在不同的商品和服务上注册了多个“纽巴伦”商标。

新平衡公司当然不乐意，对多利多鞋业在第 25 类服装、鞋等商品上的“NBL”“NIUBALUNU”“NEWBALUNUS”“纽巴仑”“纽巴伦”等商标，多次提出异议或无效宣告申请，也多次得到商标评审委员会的支持。比如 2004 年申请的第 3891464 号商标，商标评审委员会在异议复审中就裁定不予注册。

NIUBALUN
纽巴伦

该商标异议复审案一直打到法院二审。北京市高级人民法院做出如下判决：

本案中，被异议商标的中文“纽巴伦”及其对应的汉语拼音作为其呼叫是该商标的显著识别部分。引证商标虽为英文商标，但该英文“NEW BALANCE”对应的中文读音与“纽巴伦”基本无差别。且新平衡公司提交的证据能够证明引证商标具有一定的知名度。因此，当二者同时使用在各自指定使用的相同或类似商品上时，可能使相关公众对其来源产生混淆，误认为其系同一商品提供者提供的系列商标。因此，被异议商标与引证商标构成使用在类似商品上的近似商标。

由于各种原因，这份判决做出的时间为2016年。经过多年的官司，多利多鞋业还是没能把这件商标注册下来。

但这并没有影响多利多鞋业继续在鞋商品上使用“纽巴伦”商标，并且其先后在服装、鞋等商品上申请了近30件“纽巴伦”“NBL”“NEWBALUNUS”“纽巴仑”商标，其中部分已获准注册。

新平衡公司则在第35类，通过邮寄商品目录形式推销(替他人)、广告等服务上拥有1件“纽巴伦”商标。

虽然新平衡公司没有放弃对“纽巴伦”的确权官司,但综合考虑各种因素，最后在鞋商品上还是放弃了对“纽巴伦”商标的使用。

新平衡公司于2007年11月起授权新百伦贸易（中国）有限公司（以下简称“新百伦公司”）在中华人民共和国境内享有进口、出售和分销带有“NEW BALANCE”“NB”和“N”商标的鞋子、衣服和配件的权利。新百伦公司在使用上述商标时，同时使用了新的汉字名称“新百伦”。

于是,在中国境内“新百伦”就与“NEW BALANCE”一起出现在商场里、报纸上、网页中。

此时,作为和消费者见面的品牌,“新百伦”和“纽巴伦”已经没有关系了，各自热闹地卖着各自的鞋。消费者也在混淆和不混淆的多次购买中，终于意识到这是两个不同的品牌，虽然搞不清二者有没有关系。

写这篇文章时，我特意看了看自己两年前买的鞋，鞋面的商标是：

鞋底的商标是：

这应该是新百伦公司的“新百伦”商标。

但这个新百伦公司的“新百伦”商标和“NEW BALANCE”商标的关系，也于2016年以新百伦公司官司败诉的形式，被动地高调终结了，因为在鞋商品上的注册商标“新百伦”，既不属于新平衡公司也不属于新百伦公司。在鞋商品上，“新百伦”及“百伦”注册商标的拥有者，是一个叫周乐伦的自然人。

周乐伦也不是一开始就拥有“百伦”和“新百伦”注册商标的。第865609号“百伦”商标，由潮阳市工商经济发展总公司鞋帽公司于1994年8月25日提出注册申请，于1996年8月21日获准注册，核定使用在第25类服装、鞋、帽、袜等商品上。该商标于1998年3月28日经核准转让给周乐衡，后于2004年4月21日经核准转让给周乐伦。第4100879号“新百伦”商标则由周乐伦提出申请注册，于2008年1月7日获准注册，核定使用在第25类鞋、服装等商品上。

周乐伦先后将上述商标授权给广州百伦鞋业有限公司、广州市星珈服饰有限公司使用。

虽然新百伦公司在大量使用“新百伦”这个商标叫卖其“NEW BALANCE”

鞋时忽视了周乐伦这个人，但周乐伦却没有忘记注册商标所有人享有的商标专用权，并且决定行使权利。

周乐伦于2013年7月15日向广州市中级人民法院提起了侵权诉讼，请求法院以新百伦公司的侵权获利计算应赔偿的金额，并请求法院判令新百伦公司赔偿其经济损失人民币9800万元。

广州市中级人民法院经审理，支持了周乐伦的主张，认定新百伦公司侵犯注册商标权成立，做出了法院有史以来侵权额度最高的判罚——9800万元。这个巨大的数字一时成为法律界的热门话题，我的朋友圈也被它刷了几天屏。

新百伦公司自然不愿掏出如此巨款，于是提起上诉。二审中，广东省高级人民法院判令新百伦公司立即停止侵害周乐伦“百伦”“新百伦”注册商标权，改判赔偿周乐伦500万元。

这份生效的终审判决是在一个相当吉祥的日子做出的，2016年6月16日。相对于9800万来说，500万算是个吉祥的数字吧。

事实上这份判决书有6万多字，内容繁多，通读一遍都得累个半死。我挑最主要的一句写出来，只是想强调下，这份判决做出后，新百伦公司在鞋商品上就不能再使用“新百伦”商标了。

我想，如今除了周乐伦及其所授权的公司，估计再也没谁敢在鞋商品上使用“新百伦”商标了。500万也不是个小数字，其威慑力足够大了。要知道这还不包括打官司的其他费用。

最重要的是，这个判决做出后，“纽巴伦”鞋和“新百伦”鞋连远亲关系也被切断了，就像上海的南京路和南京的上海路，听起来像是一家，其实并无瓜葛。

至于“NEW BALANCE”鞋现在的中文名字叫什么，我不知道。但肯定不是“新百伦”了，至多只能这样说——新百伦公司经营的新平衡公司的“NEW

BALANCE”品牌鞋。

好在如今中国人的英文水平大长，连初中毕业的人都能读出“NEW BALANCE”了，有没有中文也没什么影响——虽然新平衡公司还是在多种商品和服务上注册了汉字商标“新平衡”。

其实我不知道的还有很多。比如从法律上讲，“新百伦”和“NEW BALANCE”鞋是没有关系了，但在消费者心里，这层关系什么时候才能撇清？

也许读完这篇文章就能分清了。

比如新平衡公司为什么1981年就注册了英文商标，却用了两个中文商标都没有及时注册？

也许他们只是为了用生动的案例向世人证明，使用别人家的注册商标是高风险的事情，丢了品牌又赔钱。

最后强调下重点，“纽巴伦”鞋和“新百伦”鞋没有任何关系，现在也都不关“NEW BALANCE”鞋的事。

若谈到品质，多利多鞋业的“纽巴伦”鞋和周乐伦的“新百伦”鞋，我没穿过，不敢下结论。有兴趣的不妨去感受下。支持国货也是应该的，而且既然是制鞋大国出品，质量应该也不会差。

我真的也很想知道，大家看了这篇文章后，会买哪个牌子的鞋。

36

全能的“骆驼”牌

一位朋友对我说，他穿的鞋是骆驼牌的，车上的蓄电池也是骆驼牌的，他很惊讶现在的企业卖鞋还做电池。

我告诉他，这几个“骆驼”不是同一个厂家。

朋友不做企业也不做商标，不知道法律允许不同的人在不相同和不类似的商品或服务上使用相同近似的商标。加上现在的企业开展多种经营业务又是普遍现象，他以为是一家企业又卖鞋又做电池也不奇怪。

人类社会的商品和服务种类繁多，为了注册商标方便，将商品和服务分为45个大类，每个大类下面又分若干个小组。一般来说，不同小组的商品被视为非类似商品。比如服装和电池，就分在不同类别中，可以由不同的厂家分别注册为商标并使用。

我自己也曾审理了多个骆驼商标的案件，加上我家不远处就有一家骆驼鞋专卖店，朋友的话还真引起了我对骆驼商标的好奇。

查询后发现，骆驼还真是受欢迎，在各种商品和服务上有几十家企业先后注册了骆驼商标，不过，商标最多的是以下四家。

一家是日本烟草产业株式会社，拥有的最早商标是从雷诺士烟草公司（美国）受让来的第167435号骆驼商标，1982年12月就获准注册，指定使用商品为烟草、烟草制品、烟具、火柴、打火机。就是这只：

第二家是广东骆驼服饰有限公司，其骆驼商标主要注册在服装、鞋等商品上。注册最早的是第 231562 号骆驼商标，指定使用的商品只有一项：塑料鞋。这件商标由呼伦贝尔盟海拉尔橡胶厂于 1984 年申请注册，后转让给自然人万金刚，2012 年转让给广东骆驼服饰有限公司。

万金刚于 2003 年开始大量注册骆驼商标，后来把服装类商品上的若干件商标都转让给了广东骆驼服饰有限公司。该公司现在有包括驼车、驼铃在内的各种骆驼商标 400 多件，而且坚定地不允许其他人在服装类商品上染指骆驼商标，先后提起了 200 多件商标异议和无效案件。

遍布大街小巷的骆驼鞋、服饰专卖店，以及网店，应该就属于这家公司。他们使用的骆驼是这只：

第三家使用骆驼商标的是内蒙古骆驼酒业集团股份有限公司。该公司最早使用的骆驼商标是由其前身包头市制酒厂于 1998 年申请的，指定使用在酒（饮料）类商品上。内蒙古的企业喜欢骆驼应该算最顺理成章的。我没喝过骆驼牌酒，但网站上他们的宣传语是：喝骆驼百年，行沙漠草原。这只百年骆驼长这样：

最后一家就是生产蓄电池的骆驼集团股份有限公司。该公司拥有18件商标，基本都注册在电池产品上，最早一件是1981年由湖北谷城县蓄电池厂申请的，就是这一只骆驼：

上面这四家企业的骆驼商标在各自领域里以各自的方式走着各自的路。虽然有单峰双峰的区别，但作为消费者，估计也没有谁会特别注意商标里的骆驼是单峰还是双峰，不把各种骆驼都归于一家已经是万幸了。

其实在不同商品上，不止骆驼各有其主，其他的固有词汇也很难一家独占，如苹果手机和苹果牛仔裤也分属不同厂家。能够独占的只有那些独创的臆造词，比如海尔，绝对只属于海尔公司一家。

但会臆造新词的不止有海尔，比如这一家企业，就在服装商品上申请注册了下面这件商标：

马 各 马 它

这件创意商标还没有进行初步审查，不管最后结果如何，我想都可以作为典型案例记上一笔。

骆驼商标的故事，不是一千多字能写出来的。哪只驼峰里都藏着几十年的岁月，总有些日子精彩得值得大书特书，以后有时间，容我慢慢道来。

37

“永和”永不和：聊聊豆浆那些事

之前我审理了一件包含“永和”文字的商标案件，上网搜索了下“永和”商标的使用情况，发现其中一个链接是说有没有人和我一样以为“永和豆浆”和“永和大王”是一家的，就顺手打开了帖子。

正文里说：两家虽都有“永和”，但完全没有关系（这是正确答案）。

然后我就被后面的各种评论逗乐了：

网友 1：我一直以为那家店的全称叫“永和豆浆大王”。

网友 2：居然不是一家？我再也不相信爱情了……话说永和（不知是豆浆还是大王）的卤肉饭很好吃啊！

网友 3：大家别拿“永和豆浆”的优惠券跑去“永和大王”用哦。

网友 4：真的一直以为是一家来着。

网友 5：我还奇怪为什么我家门口的“永和豆浆”没有改名叫“永和大王”呢……

网友 6：我的世界被颠覆了……

我第一次知道，商标的事情原来事关对爱情的信任度，而且还能颠覆某人的世界。

可能夸张，也可能不。但不管这是不是真的对某些弱小的心灵造成了伤害，两家店现在都开得红红火火的。

为什么会这样呢？说来话长。但我不想写长了，所以，只简单介绍一下商标的基本情况。

“永和豆浆”商标目前的所有人是永和食品（中国）股份有限公司，该公司拥有一系列商标，其中最早的是第730628号商标，申请日期是1993年8月，指定使用的商品是豆浆、米浆、茶、乌龙茶、豆花、冰淇淋。

需要指出的是，离这件商标时间最近的第二件商标申请日期为2002年7月，即第3251230号商标，核定使用的商品为茶叶代用品、豆粉、冰淇淋。

简单地说，“永和豆浆”商标早期只注册在豆浆等商品上。

“永和大王”商标目前的所有人是世纪投资有限公司，该公司也拥有一系列商标，其中最早的一件是第1115146号“永和大王”商标，由上海永和豆浆大王餐饮有限公司于1996年9月申请，指定使用于餐馆、快餐馆服务上。

简单说，“永和大王”商标早期核定使用在餐馆上。

《商标法》规定，在不相同和不相类似的商品和服务上，可以共存相同或近似的商标。豆浆商品和餐饮服务属于不同的商品和服务，所以豆浆商品上的

“永和豆浆”商标和餐馆服务上的“永和大王”商标，在法律上井水不犯河水，都顺利注册了。

了解到这些情况后，我脑子里曾闪过一念：如果当初“永和豆浆”商标同时也在餐馆服务上申请注册了，结果会怎样呢？

但这世上没有如果。

现实是，“永和豆浆”商标经许可，实际使用人是上海弘奇永和食品发展有限公司。“永和大王”商标经许可，实际使用人为菲律宾的快乐蜂公司。

而且两家公司各自的若干“永和”店，在多个城市里都遥遥相望着。但他们的关系是像一对情人一样眉目传情，还是像仇人一样剑拔弩张，我真不知道。

虽然在商标确权案件中，两家偶有相遇，但我依然不能断定这是情侣间的小打小闹，还是对手间的真枪实弹。因为在更多的案件里，他们的枪口是对准来自第三方的“永和”商标的，坚决不允许再有人踏足于“永和”的领地。在这一点上，两家倒表现出了一点“打虎亲兄弟”的劲头。

经查询得知，商标库里记录最早的“永和”商标是承德路川水泥有限公司于 1987 年申请注册在水泥商品上的，可惜的是，该商标因未续展，在 2008 年已经失效了。

所以，商标里的“永和”二字，既不是中国台湾人带进大陆的，也不是上海人独创的。

尽管“永和豆浆”最早来自台湾省，而且现在还是台湾人的品牌，也一直在卖豆浆，当然也不止卖豆浆，还把液体的豆浆做成固体的粉，放进了大小超市。

虽然“永和大王”的发起人是上海永和豆浆大王餐饮有限公司，但 2007 年该公司已经把全部股份都卖给了菲律宾的快乐蜂公司，现在属于彻头彻尾的国外品牌。当然他们也一直在卖豆浆，饭菜也是台湾口味。

至于将来会怎样，谁也不知道，也许真的会出现“永和豆浆大王”店。商业的事情没人说得准，“滴滴”和“快的”烧了那么多钱竞争，打着打着也成了一家人。

只是作为审查员，在每个确权案件中如何处置“永和”商标，只能依据本案中双方提交的证据所证明的事实，在法律的框架下具体确定。当然我们始终坚持的原则是维护诚信经营者的合法权益，同时也尊重业已形成的市场格局。

作为消费者，喜欢喝豆浆的我，在家里长期放着永和豆浆粉，早晨用来冲水喝。在外面时，我也会时不时到永和大王快餐店点一杯冰豆浆喝。

我当然知道他们不是一家，那又如何？豆浆一直是豆浆，又变不成牛奶。

我之所以这么认真地告诉你“永和豆浆”和“永和大王”真的不是一家，是因为“认真的你，值得被认真对待”！

这句话也是世纪投资有限公司申请注册的一件商标，不过已被驳回了。

38

从申请到拿证：商标注册的长短跑

时间是神奇的存在，它在客观上对谁都不多一分，不少一秒，个人感受却不尽相同。有人一日三秋，有人弹指十年；而在价值上，有人日进斗金，有人一年颗粒无收。时间从来不是独立的存在，指针的每一次转动，都成就着万千事物。

时间也成就着权利。每一项权利的取得和灭失都离不开时间的标注，商标专用权也不例外。一件商标从提出注册申请到拿到商标注册证，可能要 8 个月，也可能是要3年8个月。

这取决于你申请的商标是什么。

如果你申请了一件合法合规又前无古人的商标，恭喜你，你会享受一件商标最顺利的注册程序，最快8个月就可以拿到注册证了。提出申请→5个月初步审定→3个月初步审定公告→下发注册证，在这个程序中，初步审定后的公告和发证都是一步接一步，由计算机系统自动完成的。

但如果你的商标注册申请被商标局驳回了，而你还是不想放弃，坚定地想走完所有法律程序拿到注册证，那么最长的路会走多久，又要过哪些坎儿呢？

提出申请→5个月初步审查驳回→15天提出复审申请→5个月商标评审委员会再次驳回→30天提出诉讼→40天北京知识产权法院撤销驳回决定→15天提出上诉→40天北京市高级人民法院判决驳回上诉，维持原判→15天商标评审委员会重新做出初步审定决定→3个月初步审定公告期间被他人提出异议→9个月商标局做出不予注册决定→15天提出不予注册复审→9个月商标评审委员会做出不予注册复审决定→30天提出诉讼→6个月北京知识产权法院判决驳回起诉→15天提出上诉→6个月北京市高级人民法院判决撤销不予注册复审决定→15天商标评审委员会重新做出准予注册决定→下发注册证。

需要说明的是，这个漫长的程序中，每一阶段的时间都不是精确的，可能会根据案件具体情况而变化。总的来说，随着行政机关和司法机关加快审查、审理速度，实际需要的时间会更短一点。当然，在其中任何一个环节做出了准予注册的决定，都可以弯道超车，直达终点。

其实还有需要更长时间才能拿到注册证的，因为有人还会向最高人民法院提出申诉。但那真的是极个别的案例了，没什么参考意义。

一件商标过这么多坎儿才能到终点，说明这件商标一定是先天不足，或者是标识本身不够完美，或者是在法律的边界游荡，或者是该商标涉嫌侵犯他人在先权利，有人不想让你注册。

千万别觉得一件商标走完了这么长的旅程才拿到注册证是不幸的，只要能拿到注册证，都是幸运儿。就像司法考试，有人一次考过，有人考了三年五年，但只要通过了，大家就都拥有相同的法律专业从业资质。要知道，更多的人根本通不过考试。

值得欣慰的是，在初步审定的商标中，绝大多数都在公告3个月后顺利拿到了注册证，算得上一路走来敲着锣鼓唱着歌，没遇坎来没爬坡。

39

商标注册申请能提前审查吗

《中华商标》杂志的编辑和我约稿，说从她到杂志社工作后，总有人找她打听注册商标是不是有什么捷径，希望我写文回应一下。好吧，我先回答：没有。接下来，我会尽可能说清楚为什么。

某些人在生活中的经验是这样的：有人后上公交车，却因为明显是老弱病残，别人主动把座位让给他；或者后上车，但之前上车的朋友给他占了座，所以虽然有一堆人站着，他还是有座位；又或者，后上车，但仗着自己身强体壮，把别人拉起来，抢了一个座位。

于是，你认为，来得晚不重要，重要的是找到办法，得到座位。

就像申请了商标，到处打听有什么方法可以提前核准注册。

这些人没有搞懂一个大前提：在注册商标这趟列车上，没有站票。

注册商标是独占的，在同一种或类似商品上，只允许有一个人拥有特定的商标。比如，海尔公司在冰箱商品上拥有了注册商标“海尔”，在冰箱这项商品上，就不可能有第二个人再拥有注册商标“海尔”了。

而商标注册的基本规则是：申请在先原则，即先到先得。《商标法》第三十一条规定：“两个或者两个以上的商标注册申请人，在同一种商品或者类似商品上，以相同或者近似的商标申请注册的，初步审定并公告申请在先的商标；同一天申请的，初步审定并公告使用在先的商标，驳回其他人的申请，不予公告。”

公交车上，别人之所以主动让座，或者容忍占座或抢座，那是因为比起争座位的麻烦，他可以选择站着和你一起到达终点。

但注册商标不是能够站着一起出发一起到达的问题，是你在车上或者我在车上的问题，是有和没有的问题，严重地说是生死存亡的大事。

除了你父母，谁会在生死存亡的大事面前让着你？

所以，行政机关当然要设置足够完善的机制，努力避免发生不必要的生死之争。

有些人的生活经验可能是这样的：你去医院看病，指名要求挂某个医生的号，或者提前预定，或者排队抢号，或者求医生加号。而且挂号的顺序在后，但在前挂号的那人没来，在后的人可以先看病；或者因为得的是重症，你就可以先走进诊室了。

于是，他们以为想找谁就可以找谁，就算是排好了顺序，也可以插队。

这样的人申请了商标，希望找到某个特定的审查员来审查，又找了一堆理由希望能够插队提前审查。

这是没有搞清一个基本事实：审查员审查商标采用的是即时随机分配的方

式，而且每个注册商标都有特殊理由，从不会缺席排队。

都有特殊理由的结果就是商标审查顺序不接受特殊理由。商标审查系统根本没有设置提前单独审查某件商标的程序，所有的申请商标一起排队等待审查，计算机按时间先后顺序自动分配，保证商标审查没法插队。

每天上班，几百个审查员打开电脑，从待实审商标库中抓取商标案件到自己名下的审查系统。会分到哪个商标，谁也不可能提前知道，而且审查员一次只能抓取规定数量的待审商标。

商标审查和医院看病相似的唯一情景就在于此：看病时，分诊处把1~5号分到一诊室候诊，把6 ～ 10号分到二诊室候诊，但6 ～ 10号的患者都是小病，医生又是快手，先看完了病，而1 ～ 5号患者都是疑难病，医生又是新手，所以后看完病。

商标审查时也一样，可能在10分钟内，第12000000号商标到12001000号商标依顺序分配到了不同审查员手中。审查员同时开始工作，由于每个商标审查需要的时间不同，那么可能会出现第12000900号商标比12000300号商标先审查结束的情况。但审查员必须在规定的有限时间内把分配到自己名下的案件审结，所以，这个时间差也不过是一两天而已。

而且，这个时间差没有意义，因为一两天内初步审定的商标一般是同一天公告的，在没有被异议的情形下，商标专用权起算日是一样的。

同时，即使审查员先审理了第12000900号商标，在审查时，系统依然会把第12000300号商标作为在先权利商标，提示审查员进行比对，在先申请商标的权利依然得到了保护。

所以，递交了商标注册申请书后，就不要四处想办法了，要做的事情只有静静地等待，祈祷没有人在先申请一件相同或近似的商标！

40

商标注册的初步审定与获准注册

一位朋友向我咨询，他不明白，为什么他申请注册的商标明明指定了 10 项商品，最后拿到的注册证上只有 3 项商品（糖、饮料、粽子），却没有他正在生产、销售的面包、糕点。

原来这位朋友在两年前递交了商标注册申请，拿到了受理通知书后就开始运营自己的面包房，后来查询得知初步审定公告了，就更加放心大胆地投入资金进行宣传，现在已经有两家店了。因为一直忙于经营，注册证的事他也没有放在心上。前几日终于拿到了注册证，却发现商品里没有他需要的面包、糕点，这才急着询问。

我查询了一下，没发生什么奇怪的事，不过是有公司对他的商标提出了异议，异议审理结果就是只核准注册了 3 项商品。他说他根本不知道有异议这回事。我相信他的话，因为他既没有答辩也没有申请复审，答辩通知和异议决定都是被邮局退回、公告送达的。

没有收到异议答辩通知，是因为地址变更。但最主要的是他根本不知道商标在初步审定公告的 3 个月里还可能会被他人提出异议这回事，否则他就会留心一些。他一直在念叨，自己就是一个普通个体户，开个面包房，哪会知道商标注册这事如此复杂啊？

我理解他的感受。他能够在开面包房时提出商标申请，已经算是很有商标意识了，只是仅有这点意识显然是不够的。

商标注册申请被受理并不意味着该商标能够获准注册。只要申请人资格合法，申请书在手续及文件填写方面符合规定，按时交纳费用，所有的申请都会被受理。

但商标申请并不是一下子就能被核准注册的，第一步只是予以初步审定，并发布公告。在初步审定公告3个月期间，没有人提出异议，商标才能够正式获准注册。也有人一听说初步审定通过了，就急急忙忙地打上商标标志使用，这就更不可取了。这是冒充注册商标，严重的是要承担相应的法律责任的。

这位朋友不知费了多少劲，终于找到我咨询这个问题，我能够做的也只是告诉他原因,并建议他再次申请商标。这个建议任何一个专业人员都可以给出，而据我了解，现在各地都有商标代理机构。

这位朋友说他没有委托代理机构是因为他有位朋友就是自己申请的商标，也顺利拿到了注册证。

现在商标局已经开始委托县市的市场监管部门开展商标注册申请的受理工作，以后申请人自行去办理商标的注册申请会越来越方便。但也有例外，商标申请离注册有时还隔着异议程序，获准注册后可能还要经受撤销、无效宣告等程序的考验，这些都要求有较强的专业知识。

在某年的商标节上，一位五十多岁的行业协会领导感慨地说:“《商标法》是不学不懂，一学就懂，越学越不懂。”我对这话深表赞同，因为商标问题实在太难了，越研究会发现越复杂。

我一直在努力宣讲商标的基础常识，目的不过是想帮助那些还处于“不学不懂”阶段的朋友，使他们可以轻松抬脚迈上“一学就懂”的第一台阶，对商标有一个基础了解，树立起基本的商标意识。如果再想往上走，我想没有几年甚至几十年的道行是不行的。

因为，虽然从程序上看，提出商标注册申请十分方便容易，但其实从申请前的查询工作开始，就都是很专业的事情。

将专业的事情交给专业的人来做，做好的可能性会更大一点。

41

商标提异方可议

在总结2018年的时候，我很高兴地发现，那一年做的事基本都是我愿意做的事，对于我不想做的事，做到了直接说no，对于不希望别人做的那些涉及我的事，也做到了说no。

能够说no，一来是不想委屈自己，二来也是发现这样最简单，不必猜来猜去，节省了沟通成本，保证了自己的生活不被无端打扰。

一个人总是有机会说no的，因为人总有选择。从来不存在“我没得选”的状况，所谓“不得不如此”不过是权衡利弊的结果。

权衡利弊是生活中最正常不过的事，但说出“我不同意”的机会并不总是一直在那里，比如提出商标异议的时间，只有3个月。

《商标法》第三十三条规定：“对初步审定公告的商标，自公告之日起三个月内，在先权利人、利害关系人认为违反本法第十三条第二款和第三款、第十五条、第十六条第一款、第三十条、第三十一条、第三十二条规定的，或者任何人认为违反本法第十条、第十一条、第十二条规定的，可以向商标局提出异议。公告期满无异议的，予以核准注册，发给商标注册证，并予公告。”

这个条款里列举了众多的法条，对于不熟悉《商标法》的人来说，可能不知道具体指什么。其实简单说就是如果你认为这件初步审定公告的商标标志本身不能作为商标注册，或者你认为这个商标标志侵犯了你在先的商标权、著作权、商号权、姓名权等在先权利、权益，就可以提出不同意该商标注册的意见。

为什么要做这样的规定呢？因为制度的设立要考虑利益平衡和权利救济的问题。由于我国的商标注册是申请制，即原则上谁先申请，商标归谁，所以就会出现有人拿了别人的标识来申请商标的事儿，可能会侵犯他人的在先权利。所以必须给在先权利人一个救济的机会。

但是私权的处分是个人的事情，权利人可以选择维权，也可以选择弃权。所以，审查机关在审查一件商标时，对是否侵犯了申请人在先的姓名权、商号权等并不主动审查，唯一主动审查的是在先商标权，也仅限于已经申请注册的商标，未提出注册申请的商标维权还是需要权利人自己提出维权请求。

给权利人救济的机会有两个：一个是商标初步审定公告后的 3 个月内，一个是注册后 5 年内。公告期间，该商标还没有获准注册，这时提出异议的话，可能这件商标就不会获准注册了。申请人拿不到商标权，一般情况下也不敢大规模地使用这件商标，对权利人造成的损害也会小些。

如果在商标注册后提出无效宣告请求，虽然可能还是以同样的理由，但对方已经拿到商标权，在案件审理期间依然可以使用，而一件商标无效案件如果走完两审司法程序的话，少说也得两年多。两年多的时间，足够注册人把这件商标用得烂大街了。

所以，提出商标异议，是及时阻止他人侵犯自己权利的最佳时机。你不能阻止别人用你的作品去申请商标，但你可以借助法律程序阻止他拿到商标权，这是法律赋予你的权利，必须要好好把握时机。

当然，提出异议，仅仅是因为你认为这件商标侵犯了你的权利。是不是真的侵犯了你的权利，还需要审查员根据在案证据做出判断。但是，只要你提出异议，这个异议案就需要 9 个月左右的时间审理，也就意味着这件商标的注册日推迟了 9 个月。换句话说，提出异议本身就给对方带来了损失。

所以抵制恶意异议也是一个需要权衡利弊的问题，目前的《商标法》还没有什么很好的办法，相信下次修法会考虑这个问题吧。

42

著作权需要申请吗

这些天我在设计月梅工作室的 Logo，和设计师阿强先生沟通了若干次，最后确定了如下图形：

“月梅”代表创立者的名字，“一朵红梅”代表所有能寓意的美好。

这个 Logo 虽然不算复杂，但我认为它已经是构成《中华人民共和国著作权法》保护的作品了，所以就著作权的归属问题和阿强先生做了约定：作者当然是阿强先生，著作财产权包括使用权归月梅工作室。

我还没有去做著作权登记，但已经享有著作权了，因为著作权从作品创作出时就自动产生，发表不是条件，登记更不是条件。

但显然有些人不知道这一点，以为想要获得著作权还要和谁申请一下，有位朋友在公众号后台这么问我：“张老师您好，昨晚看了您其中一篇文章，是关于注册商标前最好先申请一项著作权的。我想问一下是否所有的商标都可以申请著作权呢？如果只是简单的几个文字，是否可以申请著作权呢？”

我可以肯定地告诉这位朋友，著作权的产生就是这么简单：只要创作出作品，当即无条件产生著作权，而我说的也是著作权登记，不是申请。

《著作权法》第二条规定：“中国公民、法人或者其他组织的作品，不论是否发表，依照本法享有著作权。外国人、无国籍人的作品根据其作者所属国或者经常居住地国同中国签订的协议或者共同参加的国际条约享有的著作权，受本法保护。外国人、无国籍人的作品首先在中国境内出版的，依照本法享有著作权。未与中国签订协议或者共同参加国际条约的国家的作者以及无国籍人的作品首次在中国参加的国际条约的成员国出版的，或者在成员国和非成员国同时出版的，受本法保护。”

既然登记不是产生著作权的条件，为什么我还建议大家把构成作品的商标图样也拿去做著作权登记呢？

因为著作权登记证可以作为证据：一是作品产生的时间至晚为登记日，二是权利归属。所谓初步，就是说在没有相反证据证明著作权属于他人时，登记人会被认为是权利人。

著作权登记实行形式审查，既不审查登记内容是不是构成作品，也不审查登记人是不是真的权利人，所以登记证的证明作用不是绝对的。但只要登记人是真正的著作权人，别人怎么提出相反证据呢？

至于登记的内容属不属于作品，在每个案件中都会单独做出认定。而登记的创作时间，在没有其他证据佐证时，基本没有证明力。

著作权和商标权是两种不同的权利，理应井水不犯河水，但在实践中，总是有人不经著作权人同意就把人家的作品拿来作为商标注册或使用了，所以商标权与著作权冲突的案件还真不少。《商标法》规定注册商标不得侵犯他人的在先合法权利，而著作权便是在先权利之一。

以著作权人的身份提出著作权保护申请永远是最好、最顺当的，所以保存能够证明自己是著作权人的证据相当重要，著作权登记证算是其中简单易得的证据之一，操作容易，费用不高，证明作用相对较强，性价比实在是高。当然，其他证据如设计合同、设计稿等更加重要。

不过，在商标确权案件中，虽然商标注册证只能证明商标权的归属而不能证明著作权的归属，但我认为可以证明商标所有人是著作权的利害关系人，毕竟他把这件作品作为商标使用。虽然这观点总让人感觉有那么点别扭，但好用又管用，实际效果也好，因为不予注册或无效的那些商标，多是与在先作品（商标）长得一模一样，抄袭、模仿、抢注的恶意太过明显，实在难以谓之巧合，所以，这种观点目前在评审案件中也适用。

我希望自己永远不用去打这样的官司，而且我认为我在阿强先生微店下单的记录、我和阿强先生的微信沟通记录、我们之间的约定及这篇文章，已经足以证明“月梅工作室”这件作品产生的时间和著作权归属了，做不做著作权登记，意义不大。

43

商标注册成功第一步：事先查询

下图这两个商标近似吗？之所以提出这个问题，是因为关于这两个商标的官司一直打到了最高人民法院。

宽宽

第9960808号商标（前者）由成都市锦亿优文化传播有限公司提出申请注册，该公司成都宽世界品牌管理有限公司（以下称宽公司）。在商标局2012年7月引证在先的“宽宽”商标驳回申请后，宽公司执着地走完了商标评审委员会驳回复审、北京市第一中级人民法院一审、北京市高级人民法院二审和最高人民法院再审的程序。该商标案最终结束于2015年5月22日最高人民法院做出的驳回再审申请的行政裁定书。

宽公司选择使用法律赋予的所有救济途径来寻求商标注册，足以说明其对这件商标的重视程度，而对商标高度重视的态度才是我想要讨论的问题。

就目前情形看起来，宽公司的重视似乎更多地表现在申请商标之后的程序上。“宽”商标并不具有很强的独创性，很多年前我就买“宽”牌酱油了，这个牌子的酱油现在超市里依然在卖。在2011年宽公司开始申请注册“宽”商标之时，已有30多件“宽”商标在十几个商品、服务类别上存在，最早的指定使用在酱油商品上的“宽”商标申请于1992年。这还不包括含“宽”字的其他商标。事实上在宽公司的另两件驳回案中，“宽居”“宽堂”两件商标亦作为在先引证商标驳回了其“宽”商标的注册申请。

本案的“宽”商标指定使用在新闻社、移动电话通讯等服务项目上，相比商品来说，使用在服务上的商标混淆的可能性确实小得多，审查时也相对宽松。这或许就是宽公司认为其还有获准注册的可能性的原因吧。但“宽”商标与商标“宽宽”构成近似商标是五个审级的机关、法院的共同认识，二者没有并存的机会。

最高人民法院认为，申请商标由“宽KUAN”及图构成，汉字“宽”是申请商标中最核心亦是最显著的部分，引证商标“宽宽”完整包含汉字“宽”。申请人虽然陈述了其申请商标的整体规划，但并未提交申请商标显著性及知名度的相关证据。申请商标的核心部分“宽”与引证商标中“宽”之字形字体无实质差异，容易导致相关公众混淆，因此，原审法院认定的申请商标使用在与引证商标核定使用的服务类似的服务上，容易导致相关公众认为两者来源于同一主体或者其提供者之间具有特定的联系，从而对服务的来源产生混淆、误认，两件商标构成2001年《商标法》第二十八条规定的近似商标，并无不当。

作为一家申请（包括受让）了342件商标（其中55件为“宽”商标）的品牌管理公司，应该清楚商标注册的审理标准，也应知道诉讼是有成本的。我不了解这家公司，该公司选择这么做一定有其理由，但我认为把精力放在事先的查询、决策工作上，应该更有效率和效果。

在我国累计商标注册数量已达1000万件的现实环境下，用简单的常用字组成的标识几乎都已经被注册为商标，所以在设计选择商标时就要尽可能选择具有独创性的无含义的文字组合作为标识，这样与别人“撞车”的可能性才会小一点。

即使如此，申请注册商标前的查询依然必不可少。因为谁都不能保证自己的想法和其余十几亿人的想法绝对不同，想出的标识一定绝无仅有。而且近似商标不要求完全相同，是消费者在隔离状态下，施以一般注意力，可能对商品或服务的来源发生混淆误认的标识。

这里要强调“可能”二字，细微的区别是远远不够的，比如上面提到的“宽”与“宽宽”字数的区别，或者“宽”与“真宽”“好宽”“优宽”等加了修饰用语的区别，均存在导致混淆的可能性。所以查询时不仅要关注相同标识，也要注意近似标识。虽然对近似的判断确实无法统一认识，但对于一点都不像的认识常常是一致的，所以那些与在先商标完全不像的标识总是不错的选择。

因为查询工作需要专业的判断，所以我真心建议把这项工作交给靠谱的商标代理人来做。老话说，磨刀不误砍柴功，而且磨刀真的是个技术活儿，所以，找个好师傅也是值得的。

我一贯认为有个好的开始才会有更好的发展与结局。虽然本文所举的案例说明，一件商标的注册申请被彻底驳回，可以有五个审级，但对于想要创立自有品牌的创业者来说，应该明白申请注册商标的工作并不开始于向商标局递交申请之进，而是开始于注册申请之前的查询工作，或者说包括查询工作在内的商标标识选择工作。

真心希望所有真正想要诚信创建品牌的人，注册商标时都可以在一审就成功，而不必等商标评审委员会来复审。

44

“CNIPA”是什么意思

据说朋友圈其实限制了人的认知，经常会给人一种误导。有一阵子，朋友圈给我的感觉是仿佛全世界都在关心“CNIPA”商标申请的事。

“CNIPA”是国家知识产权局的英文“China National Intellectual Property Administration”首字母的缩写。现在，国家知识产权局主管商标注册工作。

就像有人用“高铁霸座”考验了铁路管理部门，也有人到国家知识产权局申请国家知识产权局的英文缩写作为商标，这可能是在考验审查员对组织是否热爱吧。由于这件商标的申请是商标代理机构办理的，正常推定是，申请人知道“CNIPA”的意思。

申请人的心思很难猜。只是我突然意识到，也许真有商标注册人和使用人不知道现在国家知识产权局管理商标注册事宜，也不知道“CNIPA”的意思，毕竟在三年前，国家知识产权局还只主管专利工作。

依据2018年3月出台的《国务院机构改革方案》重新组建的国家知识产权局，由国家市场监督管理总局管理。新的国家知识产权局的主要职责是，负责保护知识产权工作，推动知识产权保护体系建设，负责商标、专利、原产地地理标志的注册登记和行政裁决，指导商标、专利执法工作等。

简单地说，就是原来专利、商标、原产地地理标志分属不同部门管理，现在统一由国家知识产权局管理了。只是国家知识产权局也没有管理所有的知识产权，同为知识产权大家庭重要成员的著作权还是由国家版权局管理。

虽然申请人是向商标局提出的商标注册申请，但商标局现在是国家知识产权局下属部门，商标注册证上盖的章已经是国家知识产权局的了，签名也是国家知识产权局局长申长雨。

而《商标法》第十条，规定同中央国家机关的名称、标志相同的标志不得作为商标使用。使用都不可以，注册当然更是不可能了。所以“CNIPA”商标会不会被核准注册，正常人都能判断得出来。

中央国家机关的名称那么多，普通人确实可能不会都知道或者记得，但是万能的互联网知道啊。连互联网查询都不会的人，大概基本也不会提出注册商标申请，最起码不会亲自去申请注册，因为现在申请商标也基本是在网络上进行的。

互联网让我们的生活更便捷和美好，也让知识产权的保护变得更加复杂。作为人类创造与智慧的产物，知识产权最大的特点就是不断地产生、发展、变化。做好知识产权工作真的很难。

难上加难的是复杂的人性。虽然随着年龄的增加，我现在越来越相信人性基因定的理论，好人注定是好人，坏人注定是坏人，但对于大部分不好不坏的正常人来说，制度和约束绝对是决定人展现好的一面还是坏的一面的关键所在。

建立好的制度并严格地执行，这也许就是商标人对国家知识产权局的最大期许。据我了解，机关也一直在朝着这个方向努力。但作为事关全局的知识产权工作，仅靠机关的努力显然不够，所有参与者的共同努力才可能带来美好的明天。

我能做的一点努力就是告诉商标注册人，注册商标不仅要知道“CNIPA”的意思，还要知道其他国家机关的缩写，因为这些缩写都不能作为商标使用。记不住不要紧，商标注册申请前，问问互联网就可以了。如果互联网回答不了，就问问靠谱的商标代理人。

45

画家与商标

很多商标案让我替当事人感到惋惜，恨不得时光倒流，让我有机会告诉当事人怎样重新选择标识来申请注册商标。可是穿越这门技术实在太难，我能做的只是把案情介绍出来，以供后来人吸取教训。

比如下面这件商标驳回复审案，没有涉及著作权问题，只与商标近似相关，但反映的是图形商标如何选择的问题。

该案中，申请商标如下：

在先引证商标如下：

我一直强调图形商标一定要说明呼叫方式是什么，在呼叫方式完全不同的情形下，图形即使有点相似或者表达同一种事物，一般也不易导致消费者混淆。像上述两个商标，图形基本相同，无论怎么呼叫大概也不能消除混淆的可能性了。

虽然人们总是能分得清“蓝猫”和“汤姆猫”，“唐老鸭”和“大黄鸭”的字样，但如果看到“蓝猫”和“汤姆猫”旁边站的是同一只猫，恐怕还是会产生疑问：这到底是哪只猫，还是一只猫有两个名字？

这件商标案给我带来很大触动。我本认为“毛菇小象”和“佰顺象”应该是两头不同的象，可是当事人在文字旁边立了同一只象作说明，我也只好无奈地接受了这可能是同一只象的事实。

这个后果对当事人来说实在悲催，直接导致其商标被商标局、商标评审委员会、北京市第一中级人民法院和北京市高级人民法院一致驳回，结论也正和北京市高级人民法院的判决一样：申请商标和引证商标的显著识别部分均为小象图形，二者的小象图形基本相同，且二者的右上均为汉字，右下均为字母，二者的整体视觉效果较为接近，同时使用在同一种或类似商品上，相关公众施以一般注意力，容易对商品来源产生混淆、误认。

在实践中，大部分图形标识无论是作为商标整体还是组成部分，无论简单还是复杂，多是经过设计的，是一幅有别于实物的“画”。而经验说明，不同的人画出相同的画的可能性相当低。那为什么这两幅画如此巧合地相似呢？

我们只能合理地认定这根本不是巧合。虽然没有进行调查，但我不认为当事人主观上是想抄袭别人的画。我认为最大的可能是，当事人在标准图库或者其他地方找到了这个大象图形，觉得不错，拿来就用了。先不说这本身可能涉及侵犯他人著作权的问题，更可能出现如本案一样的后果，即同一只象被起了两个不同的名字。

我上网查了一下，在天猫上还真有一家“毛菇小象”女装店，看起来也是一家诚实经营的店。“毛菇小象”在我看来也是一个相当有独创性的名字，加之当事人一直把官司打到了北京市高级人民法院，足见其对该商标的重视程度。可是，由于开始时的不够重视，结局显然不如其意。所以，再喜欢的画也不能拿来就用，特别是那些在网上图库中被广泛使用的常见图形。

正确的做法是，选择图形作为商标时，一定要自行独立设计。既然两个人很难巧合地画出几乎相同的画，那么你画的图就基本会成为唯一，而起的名字也就有唯一的对应了。不会画是不能成为理由的，因为会画画的人很多，可以委托设计。

经查询，本案当事人还有另一个漂亮的小象图：

虽然这个图的来源我也不知道，更不知是否有在先商标，但我认为在本案中，如果申请商标配上这个图，与引证商标造成混淆的可能性就很小了。

每个品牌创建者都在努力让自己的品牌成为唯一，而设计一个独有的图形做商标，才是保证品牌与众不同的最好起点。

46

商标注册，要艺术，也要严谨

一次，我去山西参加晋城市煤炭工业协会组织的晋城市无烟煤证明商标名称与Logo终审活动。我和另外五名评委组成评委会，从初选出的二十件作品中，评选出六件作为一、二、三等奖。

让我觉得有意思的是另外五名评委的身份，他们分别是油画家、国画家、设计师、文学家和史学家。我是唯一熟悉商标知识的专业人士。所以，本次评选的重点是作品的寓意与美感。

评委会这一人员组成合情合理。商标作为商业标志，代表着商家的形象，凝结着商家的声誉，追求标志本身的美理所当然。

只是无论这个标志设计得多美，想要作为商标使用并注册，还需要合法。于是，问题产生了。一件唯美的标志，可能就会对汉字进行变形和设计，往往构成了对汉字的“不规范使用”，难以注册为商标。

我曾被多次问过，作品设计和不规范汉字使用之间的界限到底在哪里？某某标志到底算不算不规范汉字使用？我知道商标注册的审查标准，也按照标准驳回或者核准过多件商标，可我就是回答不出这个问题的标准答案。

因为，我很矛盾。我确实喜欢那些精心设计的商标，比如，我的工作室就是要用 Logo，不用“月梅”二字，因为，那是工作室的 logo，不是我的名字。

我认为，作为商标的标志本身是一个整体，不能也没必要拆开成几个字来认读。在 Logo 里，很多字其实已经不是“字”，而是标志的组成部分，是属于艺术作品的构成元素。

至于这个商标整体呼叫为什么，就是另一个问题了，反正没有人会呼叫一个图形商标为“图形”。“yue mei”是我的工作室 Logo 的呼叫，这个呼叫是我主动赋予这个标志的。不能因为呼叫为“yue mei”了，Logo 就变成了“月梅”二字的书写。但并不是每个人都这么认为的。有不少人告诉我，要避开“不规范汉字”的审查，就得把设计师精心设计的作品一改再改。

比如下面这件商标，最初设计时是这样的：

实际申请商标时是这样的：

我喜欢最初设计时的样子，显然更有创意。但这件商标如果那样申请的话，会被驳回吗？我不知道答案，因为我已经不再审理案件了。

我不知道哪里出了问题。我知道的是审查员在认真审查，设计师在精心设计，商标代理人在尽职提出建议，但为什么商标选择却越来越缺乏创意？

我的观念依然是：一个标志是不规范汉字还是一件美术作品，关键就在于其是汉字书写还是图形设计。汉字是看字认读其含义，图形是看图理解其表达。而汉字笔画因自带美感，从来就是美术作品的构成元素之一。

我的观点也不能说明什么，但问题还得有答案。一年要申请几百万件商标呢，每个商标都想要独创之美，每个商标都想要获准注册，每个申请人都想弄清楚到底什么样的设计会被划入不规范汉字使用的范畴里。

如何确定商标注册中的汉字不规范使用，成了当下不得不面对的一个难题。被这个难题难住的不仅有申请人，也有设计师，还有商标代理人，更有审查员。

所以，让我们一起为找出答案做点事情吧。

47

当颜色成为品牌

在这世间，我最羡慕的是花儿。无论什么形状，什么颜色，每朵花都生得协调、美丽。没有一种生物能如花朵这般，不需雕琢，不用装饰，无一例外地自成风景。

花朵的一生真是简单而纯粹。独自摇曳在风中，不减其美；大片盛开在草原上，更增其丽。无论是几分钟、几小时或几十天，只要盛开，美好自来。

生而为人，活得简单而纯粹，只能是个梦想。命运又安排我成了法律人，把法律之事化繁为简，常常亦是求而不得，只好抱着不管得失的心态做事，否则就真没有勇气敲下键盘，因为越写越对自己讲清楚相关概念的能力缺乏信心。比如下面要谈的颜色组合商标，我曾经至少5次想写这个内容，却都在写了没多少字后放弃。

对于商标人来说，颜色组合商标不是个新名词，虽然真正办理过颜色组合商标申请或案件的人并不多。对于普通大众来说，见过颜色组合商标的人应该很多，但意识到这些颜色原来也是商标的人可能真没几个。

骑过摩拜单车的人数以亿计，很多人也像我一样直接把它称为“小橙车”。看颜色就能找到它，根本不需要看车上的“mobike”文字标识。可有几个人会像我一样意识到，这自行车上橙灰黑颜色的组合，其实已经构成颜色组合商标了呢?

意识不到也正常。因为通常情况下，商品上或包装、装潢上的各种颜色，仅仅是颜色。只有经过大量使用，消费者可以根据这些颜色的固定组合来判断商品或服务来源的时候，这些采用固定使用方式的颜色组合，才可能成为颜色组合商标。

不能把这些颜色组合识别为商标的另一个认识障碍是，颜色组合商标的表现形式不同于传统的以明确 Logo 表示的文字图形商标，而且颜色组合商标与指定颜色商标也不是一回事。下面这件商标是指定颜色商标，但依然是件传统的图形商标。

传统商标是作为一个单独的标识附着在商品上或包装、装潢上的。但颜色组合商标本身就是商品外观或者包装、装潢的一部分，只是因为其大量使用，能够起到区分商品或服务来源的作用了，才成为商标。

用一个不是十分准确的比喻来说，你用一个杯子来插花，时间久了，这杯子也就起到了花瓶的作用，对你来说，它就是一个花瓶了。虽然这一点也不影响它本来就是个杯子，也依然可以用来喝水。正因为颜色组合商标和商品、包装或装潢基本不可分离，所以申请颜色组合商标时，必须有明确的颜色和具体的使用方式。比如，第9137205号颜色组合商标，申请时的图形表达形式是这样的：

说明是这样的："本商标包含的颜色为橙色（RAL颜色对照表编号2010）和灰色（RAL颜色对照表编号7035），其中橙色位于指定商品外罩的上部，灰色位于指定商品外罩的下部。"

由于颜色的组合（使用）形式是固定的，所以通常来说，颜色组合商标指定的商品或服务也是固定的。比如上述商标，只核定使用在一件商品上：第7类的林业和园艺用链锯。原因很简单，换一件不同外观的商品，就没办法这样使用了。

又因为目前我国的《商标法》不接受单一颜色作为商标注册，所以不管生活中怎样简单地以"小橙车"（摩拜）、"小黄车"（ofo）、"小蓝车"（哈罗）来识别共享单车的服务来源，如果这些共享单车上仅有一种颜色的话，是怎么使用也不能作为商标注册的。不过，单色的自行车几乎没有，起码车座大多是黑的。

在实践中，也有企业使用一种代表颜色。比如2018年11月12日，腾讯通过官方公众号对外正式宣布了"腾讯蓝"（Tencent Blue）的诞生。腾讯公司认为，如同霓虹一样的蓝色，更科技，更年轻，更有活力，更充满冒险精神和前行的热情。

随着腾讯公司在品牌标识中、官方网站上及其他媒介上大量使用"腾讯蓝"，人们很快就能通过这种颜色来识别相关服务来自于腾讯。但愿当"腾讯蓝"和腾讯公司紧密对应、真正起到识别服务来源的作用之后，下次修订的《商标法》

也能接纳单一颜色作为商标注册了。

最后需要说明的一点是，摩拜公司的颜色组合商标注册申请最终被驳回了。因为该申请指定的商品是第12类的自行车等，而在实践中，虽然这一橙灰黑颜色组合商标使用在自行车上，但摩拜公司提供的不是自行车商品，而是共享单车服务。

所以，颜色组合商标真的是个很难理解的概念。连商标的使用者和商标代理人都没搞明白呢，何况只知道品牌，不关心商标的普通人？

48

“嘀嘀”声音商标案的额外贡献

腾讯公司申请的QQ消息提示音“嘀嘀嘀嘀嘀嘀”声音商标行政确权案，北京市高级人民法院做出了终审判决。

“本案中，腾讯公司提供的证据能够证明申请商标‘嘀嘀嘀嘀嘀嘀’声音通过在QQ即时通讯软件上的长期持续使用，具备了识别服务来源的作用。原审判决认定……申请商标可以在上述服务项目上予以初步审定，本院对此予以确认。但是，申请商标并未在‘电视播放、新闻社、电话会议服务’上实际使用，原审判决以‘电话会议服务’与‘超级群聊天’服务功能完全相同以及综合性即时通讯软件服务平台存在提供电视播放、新闻服务的可能性为由，认定申请商标在上述三个服务项目上亦具有显著特征，显然不符合申请商标经过使用方才取得显著特征的案件事实，不适当地为申请商标预留了申请注册的空间，属于适用法律错误，本院对此予以纠正……”

这“嘀嘀嘀嘀嘀嘀”，就是你收到别人发来的QQ信息的时候，听到的那一连串急促的提示音。该声音商标的注册申请经历了商标局、商标评审委员会行政两审，北京知识产权法院、北京市高级人民法院司法两审，一直走在确权的路上，获准注册应该只是时间问题。对终审判决，商标评审委员会一般会予以执行。因为是我国第一例声音商标确权司法案件，加上腾讯公司本身就吸引眼球，这个案件曾被广泛报道。当然，被关注的另一重要原因是，QQ的“嘀嘀嘀嘀嘀嘀”声伴随几亿中国人成长，陪伴他们度过了自己的少年时期或青年时期。

从客观上讲，该案的宣传就是一次对声音商标的大普法。不仅是普法，而且也促使行政机关和司法机关及整个知识产权界，对声音商标的显著性问题进行了认真的探讨。

声音商标在2014年《商标法》实施后，正式成为我国注册商标中的成员。新事物被接受需要一些过程，期间对新事物有一些不同的认识也很正常。经过几年的探讨，大多数观点认为：一般来说，声音商标需要通过长期使用才能取得显著特征。也就是说，在没有使用的情况下，仅仅提交某一声音作为商标申请注册的话，很难获准注册。

我可能是少数派，我认为声音商标应该和其他商标标志一样，只要没有违反《商标法》的相关规定，就可以作为商标注册，不能仅因为其表现为声音，就要求必须以大量使用为前提。

不过就本案而言，北京市高级人民法院与商标评审委员会的认识倒是一致，认为“嘀嘀嘀嘀嘀嘀”声音比较简单，缺乏商标显著特征。本案的分歧在于，腾讯提交的证据是否能证明“嘀嘀嘀嘀嘀嘀”声音通过长期使用在相关服务上具有了区分服务来源的功能，从而具备了商标的显著特征。

腾讯公司在提出驳回复审申请时提交了部分使用证据，在诉讼中补充提交了更多的使用证据。两审法院均认为：腾讯公司提交了大量的证据证明，“嘀嘀嘀嘀嘀嘀”声音商标通过在QQ即时通讯软件上自1999年2月开始至今长期持续的使用，具备了识别服务来源的作用。符合《商标法》第十一条第二款的规定：“前款所列标志经过使用取得显著特征，并便于识别的，可以作为商标注册。”

北京市高级人民法院还特别指出，腾讯公司在QQ上使用该声音是人为设计的，不属于功能性声音。功能性声音是指有些声音由商品本身性质所产生，或者是商品使用的必然结果，怎么使用也不可能获得商标显著性，如报警系统的警笛声、一般的门铃声。

QQ的消息提示声可以是“哈哈哈”，也可以是“哼哼哼”，甚至可以是“咩咩咩”“喵喵喵”，但腾讯公司人为设计的提示音是“嘀嘀嘀嘀嘀嘀”，这声音也随着QQ的大量使用而成为识别某项服务来自腾讯公司的标识了，慢慢具备了商标的功能。从这一点上讲，腾讯公司成功运营QQ软件20年，才是赢得这件商标的最重要因素。

腾讯公司在2014年《商标法》实施后的第一个工作日，即2014年5月4日，就向商标局提出了第14502527号“嘀嘀嘀嘀嘀嘀”声音商标的注册申请，指定使用在第38类提供在线论坛、计算机辅助信息和图像传送、提供互联网聊天室、在线贺卡传送、电话会议服务、电子邮件、电视播放、新闻社、信息传送、数字文件传送等10项服务上。4年后，北京市高级人民法院认为其在其中7项服务上，经使用具有商标显著性。

其实，不管“嘀嘀嘀嘀嘀嘀”声是不是会注册为商标，只要互联网存在，QQ估计就会一直存在，这“嘀嘀嘀嘀嘀嘀”声也会时常响起来。当今社会，线上和线下都是我们的真实生活，是人生不可或缺的组成部分，QQ让我们的生活更加便捷美好是不争的事实。

还有更多我们熟悉的声音正走在注册商标的路上。虽然腾讯公司的“嘀嘀嘀嘀嘀嘀”声音商标注册过程有些曲折，但我相信，这一案件的传播和探讨，让更多人认识了声音商标，也会让更多广泛存在于我们生活中的声音，顺利地注册为商标。从这个角度看，“嘀嘀嘀嘀嘀嘀”声音商标案件也算是额外为社会做出贡献了吧。

49

没有芒果的“汇源真芒果”

互联网时代，大部分人都逃不出所谓的“茧房效应”。人们总是选择关注自己喜欢的东西，倾听自己认同的观点，久而久之，会将自身桎梏于像蚕茧一般的“茧房”中，看似生活在获取无限信息的网络社会，实则视野更加狭窄。

这两天，我的朋友圈多是关于商标网上服务系统全面上线的消息，仿佛这是全世界关注的大事。但我清醒地知道，有这种错觉不过是因为我的圈子小而封闭罢了。

虽然全社会都关注商标不太可能，但还是要努力让更多的相关人群了解商标。随着多个商标案件成为新闻热点，加上商标网上服务系统全面上线的新闻宣传，还真是传播了不少的商标知识。

提高商标案件查询的便捷度本身也有助于传播。商标评审委员会就在公开文书中新增了功能，实现了驳回复审裁定文书同步查阅商标图样。我已经试用过了，真是很方便，只要点击文书中的商标注册号，商标图样就跳了出来。

在试用这个服务系统时，我看到了“汇源真芒果”的商标驳回复审案，觉得有必要聊两句。

案情并不复杂。北京汇源食品饮料有限公司（以下简称“汇源公司”）在第 32 类的无酒精果汁饮料、无酒精果汁、以蜂蜜为主的无酒精饮料、软饮料、汽水等商品上，提出第 24802333 号“汇源真芒果”商标注册申请，被商标局驳回。汇源公司不服，向商标评审委员会申请复审，再次被驳回。

商标评审委员会驳回决定认为，申请商标“汇源真芒果”中含有“芒果”二字，其使用在指定的无酒精果汁等商品上，容易使消费者对商品的原料产生误认，已违反了《商标法》第十条第一款第（七）项的规定。

很多企业喜欢在商标中加上表示原料、用途、品质等内容的文字，理由就如汇源公司所说的，“芒果”就是其生产的果汁产品的原料，不会让消费者产生误认。但谁来监督和保证该商标下的所有果汁、汽水等商品都含有芒果呢？

前一阵子，就有人投诉买的手擀面没有手擀的味道，仔细一看，才发现人家的“手擀”是商标。当时商家的理由就是“手擀”一词是商标而非对面条性质的描述。虽说该理由没有得到法院的支持，但还是引起了不少的麻烦。

因此，我赞成对含有指定商品原料、功能、品质、产地等词汇的标识不予注册为商标，从源头上减少滥用和误认的可能。

当然，如果“汇源真芒果”商标指定的商品仅仅是“含芒果的果汁饮料”，那又是另一回事了。在实践中也确实存在含有指定商品原料、用途等词汇的商标获准注册的，其基本原因是这些词汇通过大量使用，整体已经能够让消费者将其识别为商标，具有了商标的区分商品来源的作用，如“雀巢咖啡”商标。

这里就存在矛盾了。因为适用《商标法》第十条第一款第（七）项驳回，就意味着这个标识是不能作为商标使用的，也就不可能再通过使用获得可注册性。而又有其他类似商标通过使用获得了注册，是不是对“汇源真芒果”就不公平了呢？

我认为，这里有一种价值取向的选择。我赞成从严驳回，不鼓励使用这样的商标。“汇源”已经是很好的商标了，商标里有没有“真芒果”三个字，都不影响其芒果果汁的生产与销售。而其一旦在不含芒果的果汁如以蜂蜜为主的无酒精饮料上使用“汇源真芒果”商标，可就真会影响消费者的选择了。

虽然我相信正常情况下，汇源公司作为注重声誉的经营者，不会在不含芒果的果汁上使用“汇源真芒果”商标，但法律管的常常就是那些“不正常”的情况，防患于未然，也是应该的。

而且一个标识是否能够作为商标使用或注册，是随着社会认识的发展不断变化的。即使同一时期，也会存在不同的认识。商标审查机关总是要做出一种价值的取舍。

我赞成从严驳回注册申请，也建议企业在申请商标时不要使用表示指定商品和服务的原料、质量、功能、产地等特点的词汇。

不管你多么不赞成我的观点，觉得自己多有道理，都不妨听听不同的声音，也许听多了，就有可能成为逃出“茧房效应”的少数人。

50

从稻香村商标案聊聊注册商标商品分类

我特别喜欢关于商标案件的新闻报道，尤其作为热点或话题新闻。每一次热议，都是一次普法的好机会。“稻香村”商标案值得重点报道，该案涉及法律适用、历史沿革、市场竞争、交易方式、消费者情感等各种问题，极为复杂，卖点甚多。

我也蹭个热度，借此案聊聊注册商标的商品和服务分类的复杂性。

商品有很多种分类法，比如塑料的和金属的、能吃的和能穿的、大件的和小件的、电动的和手工的等等，人们会根据不同需要和不同场景灵活区分。

《类似商品和服务区分表》把所有可以注册商标的商品和服务分为45个大类别和500多个小组类别。需要特别说明的是，这45个大类是国际上商标注册普遍适用的分类规则，各国大同小异。有的商品比如赌博机，有的服务比如零售，目前在我国不属于可以注册商标的商品和服务，这个表上没有；新发明的商品和新提供的服务，这个表上也没有，但有些也是可以注册商标的。

在所有可以注册商标的商品和服务上，一般情况下，只要不是同一个小组类别上的商品，基本算作非类似商品，可以同时注册相同或近似的商标。

按照《类似商品和服务区分表》，3006组的糕点类与3007组的方便食品类不属于相同或类似商品，可以同时注册相同或近似的商标。

苏州稻香村食品有限公司的第184905号、第352997号“稻香村及图”商标（即苏州工业园区法院判决中保护的商标，该判决认定北京稻香村食品有限责任公司侵犯该商标专用权）分别指定使用的商品是3006组饼干和3006组果子面包、糕点。两商标标志相同，商标图样如下：

北京稻香村食品有限责任公司的第1011610号“稻香村”商标（即北京知识产权法院判决中保护的商标，该判决认定苏州稻香村食品有限公司侵犯该商标专用权）指定使用的商品是3007组馅饼、烘馅饼（意大利式）、饺子、小包子、春卷、炒饭、粥、年糕、粽子、元宵、煎饼、八宝饭、豆沙、醪糟、火烧、大饼、馒头、花卷、豆包和盒饭。商标图样如下：

稻香村

那么问题来了，既然各有各的商标，怎么都被法院判决侵犯对方的商标权了呢？情况很复杂，其中一个原因就是消费者并不会严格按商标注册的商品分类来买东西，消费者认牌购物，而品牌与商标和商品的概念并不完全等同。

品牌也必须和商品相联系，但是联系面比较宽泛。比如“腾讯”是互联网行业的知名品牌，并不局限在具体的网络通信或网络游戏服务上；“海尔”是家电行业的知名品牌，并不局限在具体的电视或洗衣机商品上。

而商标，正如我上面所列举的，要和每个具体的商品直接结合，比如饼干商品上的商标、馅饼商品上的商标，注册商标的话还需要说明是哪个注册号。

简单地说，一件注册商标的完整表述为：注册在××商品上的第××

号 ×× 商标。

消费者大多不会了解糕点商品上的第 352997 号商标和粽子商品上的第 1011610 号商标的区别，一般只认准了食品行业的“稻香村”品牌，这时便产生了混淆。过去苏州稻香村食品有限公司（以下简称“苏州稻香村”）在苏州卖食品，北京稻香村食品有限公司（以下简称“北京稻香村”）在北京卖食品，冲突并不明显，现在两家都在网上卖，在全国卖，问题就严重了。要知道这可是上亿元的生意啊。

大生意谁也不愿意放过。两家公司都用自己的经营之道努力挣钱，北京稻香村不仅卖粽子也卖糕点，苏州稻香村不仅卖糕点也卖粽子。使用商标时，两家谁也没理睬《商标法》的这条规定：注册商标的专用权，以核准注册的商标和核定使用的商品为限。

但双方又显然都了解这条规定，他们都以对方侵犯自己的商标专用权为由，根据管辖的规定，选择了不同的法院起诉对方，而且在一审中，都赢了。单独看两份判决，大家都能自圆其说。

商标世界就是这么复杂。随着观念和技术的发展，交易方式和消费习惯一直在变化，不同商品之间的联系也发生着变化，一个品牌所涵盖的商品范围不断发生着变化，每件商标所保护的范围也不得不跟着发生变化。

所以，在具体的商标侵权案件和确权案件中，法院或者行政机关并不会机械地根据《类似商品和服务区分表》来确定商品是不是构成类似商品，或者商标是不是构成使用在同一种或类似商品上的近似商标，而会根据具体情况具体分析。

一旦问题需要具体情况具体分析，就复杂化了。但法律又需要有一定的稳定性，所以，虽然法律没有规定必须遵守《类似商品和服务区分表》，但在大多数情形下，特别是商标申请和初步审查时，还是按照区分表对商品进行分类，虽然区分表每年都在变化。

变化是不变的真理。我写这篇文章时，一名记者打电话来希望我谈谈关于稻香村商标案件的看法。我当时的想法是，通过一波又一波的热炒，也许消费者都知道了存在北京稻香村和苏州稻香村之分，以后买“稻香村”食品时，就不会认牌购物了，而是直接看厂家名称。

当然，这绝对不是我希望发生的事情。我希望的是：在市场经济条件下，苏州稻香村和北京稻香村诚信经营，彼此互相尊重，各自使用可以区别的标识，让广大消费者分得清商标，认得准品牌，使“稻香村”老字号基业长青。

最后想说的是，我经常把饼干当方便食品吃，也把粽子当糕点吃，也就是说我也并不按注册商标的商品分类生活。

51

最高人民法院如何看待《类似商品和服务区分表》

有一次，我凑巧遇到了一个人，当时他坐在我对面，告诉我说他研究易经，会算命。

边吃边聊了一个多小时，我也不知道该不该请他算个命。作为初相识的朋友，我实在拿不准，请他算命和不请他算命，怎样才算更尊重他。最后还是没按捺不住自己的好奇心，也本着多了解他一点的意愿，提出了算命的请求。

他很严肃认真地说了几点。我十二分相信他的诚挚，但只认同其中一点：我不够聪明。

我这辈子的幸运事之一就是身边从来不乏聪明人，深刻见识过天才般的聪明是什么样子，也就真切知道自己是多么不聪明。在这点儿上，我有自知之明。承认自己愚笨的一个好处就是，可以原谅自己有那么多不了解、不明白、不懂得的事。比如，《类似商品和服务区分表》用了十几年，我还是不能把每一件商品和服务是怎么回事弄清楚。所以，当公众号后台时不时有人要我回答有关商品和服务的问题时，我真不敢乱说。

（2017）最高法行申5246号行政裁定书中对于《类似商品和服务区分表》的作用有一段表述，摘录于此，供大家参考。这是第7483913号“积水SEKISUI及图”商标异议复审案，打了几年的官司，一直打到了最高人民法院。再审申请人为上海积水实业有限公司（以下简称“上海积水公司”），是被异议商标所有人，被申请人为积水化学工业株式会社（以下简称“积水株式会”），是引证商标所有人。

最高人民法院在裁定书中是这么说的：“积水公司称，被异议商标指定使用的商品与三引证商标核定使用的商品在《类似商品和服务区分表》（以下简称《区分表》）中分属于不同的类别，因而不属于类似商品。本院认为，《区分表》是我国商标主管部门为了商标检索、审查、管理工作的需要，在总结多年实践工作经验的基础上，把某些存在特定联系、容易造成误认的商品或服务组合到一起，编制而成的。一方面，《区分表》并未穷尽现有的所有类似商品和服务项目；另一方面，随着社会经济发展，市场交易状况不断发生变化，商品或服务的类似关系也不会固定不变。因此，人民法院审查判断相关商品是否类似，可以参考《区分表》，但其不是判断的唯一标准，更不是根本标准。

“本案中，积水株式会社在一审诉讼中提交的证据‘市场调查公证书’可以证明，被异议商标指定使用的地毯、垫席、人工草皮、汽车毡毯、汽车用垫毯、地垫、橡胶地垫、塑料和橡胶地板块、塑料和橡胶地板革、墙纸等商品，与三引证商标核定使用的地板、非金属建筑材料、非金属地板、非金属地板砖等商品，在销售渠道、消费群体等方面相同，如果使用相同、近似的商标，易使相关公众误认为是同一企业生产的商品或认为存在特定联系。故被异议商标指定使用的商品与三引证商标核定使用的商品属于类似商品，积水公司该项申请再审理由不能成立。”

该裁定书是2017年9月12日做出的，也就是说，上海积水公司想尽了办法，但被异议商标最终还是不予核准注册。

虽然裁定书中只说明了人民法院应该如何对待《区分表》，但作为接受司法审查的行政机关，商标局、商标评审委员会很难和最高院不保持一致，更不用说还必须执行法院的判决，在实践中基本按照《区分表》认定商品是否类似，具体案件中则根据当事人提交的证据来确定。

我的个人看法是，对于商标案件来说，商品问题是个基础问题，而商品本身千差万别又不断推陈出新，这就决定了在具体案件中，提交足够有证明力的证据来证明相关商品是否属于类似商品，才是赢得案件的关键。

至于提交哪些证据，怎么认定这些证据，还真是个技术活儿，十分考验办案人的专业水平，不得不说，有时确实需要一点聪明劲儿。

好在，我的读者都是聪明人。

52

再驳“替他人推销”服务的鬼话

有人在公众号后台留言：“张老师您好，对于35类，有如下言论很流行，能否听听您的看法？”

我看了看那所谓的流行言论：

> 科普一下第35类商标：任何品牌在市场上流通都必须注册第35类，而且第35类属于企业的招牌，是最必要的类别！例如你注册了名为“嘿咻”的43类餐饮服务商标，但未注册第35类“替他人推销”，结果被我注册了，那么就意味着你阻止不了我开一家以“嘿咻”为品牌的超市、便利店等一切从事帮他人销售产品的公司或店铺，很容易造成公众的混淆。用大牌子来举例，耐克如果没有注册第35类，我在它未成名的时候注册了这个类别，开了一家叫“耐克”的店，卖杂牌服饰鞋子，耐克公司也不能把我怎么样，因为我并没有卖他家的东西。

不知道这段话是哪个“科普”作家说的，完全不科学，也丝毫不专业，我都不知道从哪儿驳起。

我直接说我的结论：绝大多数企业都没有必要注册第35类商标的替他人

推销和广告等服务，该类服务均指为别人提供的服务，王婆卖瓜式的自卖自夸不属于这类服务。不管企业经营什么商品和服务，都可放心地自己为自己做推销和打广告，就像在家做饭给自己吃，不需要在餐厅服务上注册个商标一样。

至于第35类的“替他人推销”是什么服务，可以参考北京知识产权法院民事判决书（2015）京知民终字第1828号判决中的一段：

“本院认为，‘替他人推销’应是指帮助‘他人’销售商品的行为，其既包括为销售者的具体销售行为提供单次的促销或推销的行为，亦包括对销售者日常销售行为提供常规性服务的行为，但该服务并不包括经营者‘自己’作为销售主体销售商品的行为。因零售、批发服务均是销售者以自己名义进行对外销售的行为，故其不属于‘替他人推销’的服务范围。至于商场、超市的服务是否属于‘替他人推销’，则需要进行具体区分。如果商场、超市等自己作为销售主体对外销售商品，则该服务不属于‘替他人推销’。但如果其仅是为销售者在其购物场所内的销售行为提供相应服务，则该行为属于‘替他人推销’。”

所以，仅仅开个超市卖卖东西不属于“替他人推销”服务，就算你在“替他人推销”服务上注册了商标，也和开超市、便利店没什么关系。在现行的中国《商标法》体系下，超市和便利店根本就没有被纳入商标注册可接受的服务项目中。换句话说，在超市和便利店两项服务上，根本就不会被核准商标注册，也没有谁注册过商标，当然也就没有人能用注册商标来阻止你开一家超市或者便利店。

不过《商标法》第七条关于“申请注册和使用商标，应当遵循诚实信用原则”的规定，绝对不是写着玩的，而是真真切切地落实在每一个案件里的。而且除了《商标法》，我国还有《反不正当竞争法》和《刑法》等。

说什么开了一家叫“耐克”的便利店卖鞋，不卖耐克的鞋，耐克并不能拿你怎么样，这玩笑开得有点大。不信你开一家试试，看看耐克会怎么样。除非你每一双鞋上都写着“不是耐克”，否则不管是消极隐瞒还是故意误导，只要顾客误以为这鞋是耐克鞋，你都侵犯了耐克的商标权，就算你写着“不是耐克”都可能构成不正当竞争，严重点还会触犯《刑法》。

我知道不少人天天琢磨着怎么钻法律的空子，我也相信这些人迟早会感受到法律的权威。

53

关于商品类似问题的实例解析

本文中要讲的这件驳回复审案件，是北京知识产权法院一审撤销了商标评审委员会的决定，商标评审委员会上诉，北京市高级人民法院二审维持被诉决定。本案的主要分歧在于商标授权确权案件中的商品类似判断问题。

本案申请商标为国际注册第1175893号“LAUNCHWORKS”，指定商品为第9类的“游戏软件”，申请人为微软公司。引证商标一为第6454901号“LAUNCH”商标，指定商品为第9类的汽车维修管理软件等，引证商标二为第1000240号“LAUNCH”商标，指定商品为第9类的“计算机及其外围设备”等。

微软公司认为，申请商标与引证商标不构成使用在同一种或类似商品上的近似商标，不服商标评审委员会的驳回决定，向北京知识产权法院提出诉讼。

北京知识产权法院认为：诉争商标指定使用的游戏软件商品为软件类产品，而引证商标二核定使用的计算机及其外围设备等商品属于硬件类产品，二者在功能、用途等方面存在较大区别，亦未构成类似商品。因此，申请商标使用在“游戏软件”商品上，不会在相关公众中造成混淆误认。

商标评审委员会不服判决，提起上诉。

北京市高级人民法院判决认为：

“商标的主要功能在于标识商品或者服务的来源，因此商标必须同具体的商品或者服务相结合。《商标法》设置商品类似关系，是因为商标主要是按商品类别进行注册、管理和保护。在商标授权确权判定过程中，进行《商标法》意义上相关商品是否类似的判断，并非作相关商品物理属性的比较，而主要考虑商标能否共存或者决定商标保护范围的大小。

“避免来源混淆是商品类似关系判断时的一项基本原则。因此，在审理商标授权确权案件时，审查判断相关商品是否类似，应当考虑商品的功能、用途、生产部门、销售渠道、消费群体等是否相同或者具有较大的关联性，两个商标共存是否使相关公众认为商品或者服务是同一主体提供的，或者其提供者之间存在特定联系。虽然《商标注册用商品和服务国际分类表》《类似商品和服务区分表》可以作为判断类似商品或者服务的参考，但是商品和服务的项目更新和市场交易情况是不断变化的，商品和服务的类似关系不是一成不变的，应当根据具体情况确定相关商品是否类似，基于不同的案情得出相应的结论。

“同时，我国《商标法》采取注册制度，基于此项规定，是以申请在先为基本原则，若在先商标本身处于有效状态下，在后申请的商标就应当主动避让，不能因其自身的经营规模而影响在先已申请注册商标专用权的保护范围。同时，根据当今企业经营发展模式的变化，多元化、规模化经营已经成为主流，信息网络通讯的迅猛发展，也使消费者获得资讯的方式发生了根本的变化，对商品之间的联想也愈发强烈。在此情形下，特别是在商标授权阶段，既不能一味地墨守成规，应当与时俱进地对商品或服务类似进行判定，但是又不应任意地突破《类似商品和服务区分表》，导致相关公众因法律规则认知的频繁变化影响司法裁判的预期性和稳定性。司法的主导性应当建立在科学、合理、有效的裁判规则与认知方式之上，而不是对既有认知的任意改动，避免破坏既有的商标注册体系。

“由于商标既有鼓励经营者诚信、守法经营的目的，也保障消费者免受因对商品或服务来源发生混淆而导致的利益损失，因此在商标授权阶段对商品或服务类似性的判定应当严格把握，厘清商标标识各自的市场边界，保障在先经营者基于自身智力创造在商标申请注册中的劳动付出，兼顾消费者的合法权益。

“本案中，诉争商标指定使用的游戏软件商品与引证商标一核定使用的汽车维修管理软件、引证商标二核定使用的计算机及其外围设备均属 0901 类似群组，并且‘游戏软件’与‘汽车维修管理软件’均属计算机软件产品，二者差异仅软件运行的功能不同，但是在生产部门、运行方法、消费群体及销售渠道等方面存在密切联系；同时，‘游戏软件’与‘计算机及其外围设备’虽然存在软、硬件产品的差异，但是二者的消费群体和销售渠道存在密切联系，而且软件的运转依托于计算机硬件设备的存在，因此上述商品之间已经构成类似。原审判决对此认定错误，本院予以纠正。商标评审委员会此部分上诉理由有事实及法律依据，本院予以支持。”

本案最后结局当然是微软公司申请商标被驳回。

54

一标多类问题答疑

这几天头有点疼，疼的程度正好是既不能忽略，又不至于不能忍受。疼的位置一会儿是前额，一会儿是头顶，一会是左侧，一会是右侧，没有个准地方。神经性头痛就是这样，犯得没规律，疼得没节奏，没妙方可治。

我已经习惯了自己时不时犯这样的“神经病”，多次就医之后已知道这疼找不出病根，也要不了命，所以，对待这病的态度也就坦然了许多，吃上两颗谷维素，努力地睡觉，睡不着就做各种无聊的事情打发时间，等着神经疼累了自动平静。

这并不代表我多么豁达，不过是没有办法。我一向坚持有病一定要治，但治不了的病就只能忍受，痛到无法忍受时就毫不犹豫地吃下止痛药。既然世上没有包治百病的良药，接受病痛大概也就是肉体凡胎不得不经历的正常人生。

疼痛的人生一点也不完美，但不疼痛的完美人生我也没见过，就像没有见过完美的法律一样。法律也是人制定的，有那么一两个条款在适用时像神经痛一样难受，也是在所难免的。

比如，《商标法》第二十二条规定：“商标注册申请人可以通过一份申请就多个类别的商品申请注册同一商标。”这条规定在习惯上被称作“一标多类”。制定这一规定的出发点当然十分善良，为的是方便商标注册申请，只要填一张表，把想要的商品统统写上就可以了。但这一方便的开始，经常带来十分不方便的结果。一位业界同人曾在公众号后台问我："张老师您好，我是一个工商局商标受理窗口的工作人员。现在商标申请可以一标多类申请，但是商标局的相关领导提醒我们最好不要受理这类申请，请问是什么原因呢？"

受理窗口的工作人员是最能感受到一标多类注册申请的好处的，所以这位朋友有这样的疑问很正常。因为一标多类带来的麻烦，在申请之后的程序里。

申请商标的目的是获得初步审定，进而获准注册，而获得初步审定的条件之一，是与在先注册或申请的商标未构成同一种或类似商品上的近似或相同商标。如果一件商标只在一个类别的商品上申请，那么初步审查时，就只比对这一个商品类别上的在先申请或注册商标，如在多个商品类别上提出注册申请，就可能要和更多的商标进行比对。比对的商标多了，那么和其中某个商标构成近似商标的概率自然也就大了，被驳回或部分驳回的概率自然增加了。

要知道，我国目前的注册商标超过 1000 万件，虽然大部分都没有被真正使用，但挡住新申请商标的能力却并没有因其不使用而减弱。

不过关于部分驳回，解决的方法还是有的，因此后果不算严重。

《商标法实施条例》第二十二条规定："商标局对一件商标注册申请在部分指定商品上予以驳回的，申请人可以将该申请中初步审定的部分申请分割成另一件申请，分割后的申请保留原申请日期。需要进行分割的，申请人应当自收到商标局《商标注册申请部分驳回通知书》之日起 15 日内，向商标局提出分割申请。商标局收到分割申请后，应当将原申请分割为两件，对分割出来的初步审定申请生成新的申请号，并予以公告。"

分割的规定仅到驳回为止，而初步审定的商标并不是一定就能获准注册，还须公告 3 个月。公告期间，只要有人提出异议，不管异议是否成立，都必须审理，这个过程一般需要 6 到 12 个月。如果该商标在 10 个商品类别上初步审定公告了，只要在 1 个商品类别上被提出异议，另外 9 个商品类别也需要等待该异议案件审理结束之后才能获得注册。

问题就在于谁也不能保证哪个商标一定不被提出异议。涉及的商品类别越多，触犯在先权利人的可能性越大。就像一个人扔出 1 块石头，只有一次机会打中别人，但一下子扔出 10 块石头，就有 10 次机会打中别人，而只要打中 1 次，就得承担后果。

这比喻可能不恰当。但在一家公司一般只有一到两个主营业务，却要在多个商品类别上注册商标，甚至动不动就在 45 个商品和服务类别上全部申请注册商标的现状下，我连恰当的比喻都懒得找了。不正常的事情变得习以为常，一标多类这样美好的规定，只能在实践中被规避，谁知道哪个人的哪根神经会发病呢？反正异议费用才几百块钱，让你的商标推迟一年注册，这么低成本、高收益的事情，对于某些人来说，此时不做，更待何时。

不知道讲清楚没有，也不知道那位朋友是否满意这答复，但结论是肯定的：不建议一标多类提出商标注册申请。

写下这些文字时因为注意力转移了，我的头疼似乎不明显了，但写完后觉得更疼了。也许因为这是一个让人头疼的问题吧。

55

商标近似与作品实质性相似的判断

商标权和著作权不是同一种权利，但是一件有独创性设计的商标标识本身也能构成《著作权法》所保护的作品。所以，在很多案件中，权利人向商标评审委员会对已注册商标提出无效宣告请求时，可能会同时请求保护在先的商标权和著作权。

商标评审委员会的裁定可能有三种结果：二者都保护，二者都不保护，或者保护其中一项。都保护或都不保护时，我们很好理解，但仅保护其中一项时，有些人就不太明白了。同样的两个图，怎么就构成近似商标而未构成实质性相似的作品，或者构成实质性相似的作品而未构成近似商标呢？

因为判断商标近似与判断作品实质性相似的标准是不一样的。

以第 9244708 号商标无效宣告案为例。

本案中，争议商标如下：

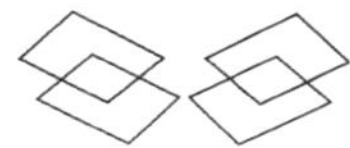

两个引证商标分别是：

在先作品也是：

此案的基本案情是，乐途运动香港有限公司（下面简称“乐途公司”）于 2013 年 12 月 23 日对琪尔特有限公司的争议商标提出无效宣告申请。主要理由，一是争议商标与其在先注册的两引证商标构成使用在相同或类似商品上的近似商标；二是争议商标的图形与其享有在先著作权的“LOTTO 双菱形图案”美术作品相似，争议商标的注册损害了申请人的在先著作权。其他理由本文不探讨，就不介绍了。

商标评审委员会经审理认为："争议商标由两组叠加在一起的菱形图案组成，其与引证商标一、二中的双菱形图案在构图特征、视觉效果、组成要素及整体外观等方面较为相似，同时使用在同一种或类似商品上，易引起消费者混淆、误认，构成近似商标。

"在先的美术作品系由线条及对比鲜明的黑白两色组合而成，其独创性主要体现在这种线条与颜色组合而产生的视觉效果上，而争议商标的图形由单纯的双菱形叠加而成，与该美术作品并未构成实质性相似，尚不足以认定争议商标的注册损害了申请人的著作权。"

关于这两点，两审法院都与商标评审委员会的看法一致。北京市高级人民法院的判决进一步解释了理由："《著作权法》中关于作品实质性相似的判断不等同于商标近似的判断。作品实质性相似的判断是指《著作权法》保护的表达构成相同或者相近似，而《著作权法》所保护的表达应当具有独创性，换言之，作品实质性相似应当系《著作权法》保护的具有独创性的表达构成相同或者相近似，而属于公有领域的信息或者素材排除在《著作权法》保护的表达之外。商标标识近似的判断是根据相关公众的一般注意力，通过整体比对、部分比对和隔离比对的方法，判断标志整体上是否相近似，其不仅仅是商标标识作为美术作品认知时对独创性部分的比对。商标近似则需要综合考虑标识近似程度、商品类似程度、相关商标的知名度、显著性等因素，以是否容易导致混淆为判断标准，其与作品实质相似的判断大相径庭。因此，虽然原审法院认定诉争商标与乐途公司主张的美术作品不构成实质性相似，但并不能由此得出诉争商标与引证商标一、二不构成近似商标的结论。"

就这起案件的结果来说，两审法院均撤销了商标评审委员会的裁定，分歧是商品类似判断不一致。商标评审委员会认为在部分商品上，争议商标与引证商标构成近似商标，而法院认为应该在全部商品上均构成近似商标。所以，最终这件商标在全部商品上的注册被宣告无效，因为商标评审委员会要执行法院的判决。

关于商品类似问题以后再探讨，本文只想提醒一下，就算在先的商标和作品长得一样，商标权和著作权依然是完全不一样的权利，保护的力度也不一样。当然主张保护哪个权利，是权利人自己的选择。

56

商标驳回复审的戏说与胡说

在朋友圈看到这样一段话。这是某商标代理机构的人员和一位商标注册申请人的对话。

A：被驳回的公司一般很多。等通知书下来的话，在商标局那儿复审要花很长时间排队，会耽误事情的，× 总。

B：你们公司叫什么？

A：我们叫北京 ×××× 知识产权代理公司，是商标局的直属代理机构，就在商标局对面办公，帮您做复审是很方便的，随时可以为您查看您的商标情况。而且我们这边给您做复审的律师，都是我们花钱从商标局聘请过来的，非常了解复审的程序，知道审查员主要看哪些方面。所以请您放心，我们这边是有把握为您成功注册下来商标的。

我不了解商标代理机构是怎样招揽业务的，但我倒认识几位专业知识过硬的代理人，所以，我以为商标代理人就是用自己的专业知识为商标注册人在商标注册等相关事宜上提供服务的。可是，上面对话的内容表明，这位所谓的商标代理人连最起码的商标注册常识都不知道，当然，商标注册申请人对这些常识就更不清楚了。

作为一名商标评审委员会的前审查员，无论从哪个角度想，看到这样的对话都让我觉得难过。一个在胡说，一个在瞎听，胡说的够大胆，瞎听的真不幸。

胡说之一："在商标局复审要排队。"这句话错得离谱。事实是，商标局不负责商标的驳回复审事宜，商标的驳回复审请求需要向商标评审委员会提出，而商标局和商标评审委员会是两个不同的机构。而且，驳回复审申请不存在排队的问题，只要是符合法律相关规定，所有的商标驳回复审申请都会被受理，不管是商标注册人自己提出申请，还是委托商标代理人提出申请。

胡说之二：××是商标局的直属代理机构。这简直就是造谣。事实是，商标局没有下属代理机构，所有的代理机构都与商标局毫无关系，当然，与商标评审委员会也毫无关系。代理机构是企业，和商标注册人性质相同的企业。

胡说之三：做复审的律师都是花钱从商标局聘请过来的。这可以说就是在行骗。事实是，商标局的审查员是绝对不允许从事商标代理工作的，商标评审委员会和商标审查协作中心的所有工作人员也都是不允许从事商标代理事务的。商标局的审查员从事商标代理业务是违法的。

胡说之四：有把握成功注册公司商标。事实是，一件商标能不能获准注册是行政机关审查员才能决定的事情，代理人的"把握"从哪儿来？靠谱的商标代理人应该凭着自己深厚的专业知识，凭着多年对行政机关商标审查标准的熟悉，来提出专业的建议。所有"确保成功注册"的承诺，都像街头"包治百病"的狗皮膏药一样，是低级的江湖把式。

然而我不过是一名已经退休的商标评审委员会审查员，没有能力去阻止这种对话的发生，只好写下一点文字，希望能够让更多的商标注册人了解点真实的情况，知道些正确的知识。如果每个商标注册申请人都能懂得商标注册的基本程序及基础知识，或许这样的对话也就没有了生存的土壤。

据说，大西洋边一只蝴蝶的翅膀的小小振动也可能引起太平洋上的海啸，所以我努力地扇了扇我那“隐形的翅膀”。虽然我明白，实际上可能连一只引起微风的蝴蝶都从来没有过。

只是我相信，有些声音，即使再微弱，说出来也是好的。

57

15 天复审期，机不可失

收拾办公桌时，我在抽屉的最里面找到两块巧克力，保质期到 2015 年 8 月。作为黑巧克力的忠实爱好者，我真有放进嘴里的冲动，但到底没有勇气吃过期几年的食品，只好万分遗憾地扔掉了。

时间就是这么无情，悄无声息地让美味变成了垃圾。不过两块巧克力的损失我还是能够承受的，也就没有多么介意。但有时一项权利一旦失去，当事者可能需要承担巨大损失，因此常常会竭尽全力去挽回。只是有些权利真是机不可失，失之永不再来。例如对商标局的商标撤销决定不服而向商标评审委员会提出复审的权利。

在“BRIAN ATWOOD”商标撤销三年案件中，商标所有人东莞红某公司为了争取到向商标评审委员会申请复审的权利，一直把官司打到了北京市高级人民法院，可是依然没有成功。

案情其实非常简单。某人以连续三年未使用为由，向商标局提出撤销“BRIANATWOOD”商标注册的申请。商标局收到该申请后，向商标所有人东莞红某公司发出提交使用证据的通知，该公司未提交使用证据，因此商标局做出撤销商标注册决定，并于2014年4月5日邮寄撤销决定书，挂号信被退回后，又于2014年7月20日进行了公告送达。东莞红某公司于2015年6月16日到商标局领取了撤销决定书，然后于2015年6月29日向商标评审委员会提出了复审申请。

《商标法》规定，对商标局做出的商标驳回决定、商标不予注册决定、撤销注册商标的决定，当事人不服的，可以自收到通知之日起15日内向商标评审委员会申请复审。

《商标法实施条例》规定，商标局或者商标评审委员会的各种文件，可以通过公告方式送达，自公告发布之日起满30日，该文件视为送达当事人。

东莞红某公司在公告送达几个月后才申请复审，时间远远超过了15日，所以商标评审委员会对该复审申请做出不予受理的决定。东莞红某公司不服，起诉到北京知识产权法院，被法院驳回诉讼请求后，又提出上诉。北京市高级人民法院继续驳回了其上诉请求。

东莞红某公司为什么过了那么久才去申请复审呢？因为他们一开始不知道商标被撤销这回事。商标局按商标档案上的地址邮寄送达的提交商标使用证据的通知及商标撤销决定的通知都被退回，只好采取公告送达的方式。送达公告刊登在《商标公告》上。

东莞红某公司没有及时看到送达公告可以理解，我想大部分人都不会去看《商标公告》，虽然每个商标权利人其实都应该经常看《商标公告》，特别是那些搬过家却又没变更注册商标档案上的通讯地址的公司。因为每件商标都可能被人提出三年不使用撤销申请，一旦商标局邮寄的提交使用证据的通知书被退回，商标局就会采取公告送达。

《商标公告》中有一部分专门是关于提供注册商标使用证据的通知。比如在 2017 年 9 月 20 日发出的第 1568 期《商标公告》中，就有 500 多条通知，其中一件是第 201938 号“元宝”商标，这件商标在 1983 年就获准注册了，2017 年 5 月有人提出了三年不使用撤销申请。我不知道这件商标是不是真的在使用，只是如果其权利人没有看到这份公告，不提交使用证据的话，这件商标一定会被撤销。（后经查，该商标的注册果然已被撤销了。）

东莞红某公司想要拿到申请复审的权利，是因为在复审时可以继续向商标评审委员会提供商标使用证据，这就有可能保住其商标的注册。法律为了给商标权利人足够多的救济机会，规定对商标局撤销决定不服的可以向商标评审委员会申请复审；对商标评审委员会决定不服的，还可以向法院提起诉讼。但这些都必须在规定的期限内，超过期限，被撤销的商标就永远没有机会复活了。

15 天真的很短，一晃就过去了。不让这 15 天偷偷溜走的最好办法，大概就是每 15 天看一下《商标公告》，查一查自己商标的状态。《商标公告》一直在等你，只是你不理它，它也不会主动喊你。就像我的那两块巧克力，一直在抽屉里安静地等我品味，我却不去理会，直到需要让出桌子、腾空抽屉时才发现，为时晚矣。

为时晚矣！我真心希望每个商标权利人不必发出这样的叹息！

58

为什么要提出商标驳回复审申请

近几年，商标申请量大增，2018年申请量近737万件。申请量增长，相应地，商标申请的驳回量也在增长。

商标注册申请为什么会被驳回？当然是因为违反了《商标法》的相关规定。但不管因为哪种情况被驳回，申请人都要做一个决定：要不要申请驳回复审？

我的建议是，要申请驳回复审。特别是那些申请商标确实是为了自己使用的申请人，或者是正在使用商标的申请人，要积极提出复审申请。

为什么要提出驳回复审申请呢？至少有八个理由：

第一，审查认识与观念可能发生变化。商标作为商业标识，其作用是识别商品或服务的来源，但是商品和服务的产生、推广、销售、消费等方式是随着技术的进步和经济的发展不断变化的，人们对商标的认识也在不断变化。那么，在商标审查中，对于标识本身是否可作为商标使用、商品是否构成同一种或类似商品、商标在实际使用中会不会混淆等问题的看法也是随着时代的发展而变化的。而驳回复审，包括后续的诉讼程序，都是需要时间的，在这段时间里就可能发生审查认识和观念上的变化。虽然这种变化是一个缓慢的过程，不可能今天这样，明天那样，而是一个从量变到质变的过程。但也许你的商标在驳回复审审查时，或者在司法审查中，正好赶上了质变的那一刻。好运气总是会降临在有准备的人身上。

第二，在先的引证商标状态是会发生变化的，而驳回复审及后续的司法审查，都是以审理时的状态为准。也就是说，因为未续展、经异议被不予注册、被宣告无效、因连续三年不使用被撤销、被注销等原因，在先的商标可能会丧失在先商标权，那么在后商标就可以顺利注册了。

第三，在先的申请权非常重要。一件商标只要提出申请，就享有在先申请权。即使申请被驳回了，只要提出驳回复审申请，这件商标的驳回决定就不生效，依然是一件在先申请的商标，那么在这件商标之后申请的商标就会被引证这件商标而驳回。驳回复审及其后的诉讼程序，是保证这件商标拥有在先申请权的唯一途径。

第四，商标审查不可避免地受审查员认识上的主观影响。在自由裁量权这个问题上，谁也没有办法一刀切，让几百个审查员用一根尺子“量”商标。商标千变万化。有各种模样，也实在找不到万能尺子。由于审查员的法律素养、社会阅历、经验水平不同，各自的审查水平便有高有低，在判断一件商标是否可以初步审定时，确实有可能做出不一样的结论。相对而言，商标评审委员会现在的审查机制依然是正式的审查员签发，而这些正式审查员基本上都是来自名校的法学研究生，工作经验也大多在 10 年以上，所以实事求是地讲，其对商标审查的理解更加深刻，也更能做出符合实际的判断。

第五，驳回复审与初步审查的审查内容不相同。驳回复审程序中，商标注册申请人可以说明理由，也可以提交证据证明自己的理由，这一点非常重要。《商标审查与审理标准》是审查员依据的普遍性标准，但商标具有个案性，每个申请人都认为自己的商标与众不同。审理驳回复审案件，更多的时候适用的是《商标审查与审理标准》中“但是”的部分，即体现特殊性的那一部分，可以考量申请人使用申请商标的原因、使用的情况、商品的实际情况等各种因素，灵活地根据该案的实际情况做出判断。

第六，对于适用《商标法》第十条驳回的商标申请，如果不复审，继续使用就是违法的了。《商标法》第十条规定，涉及国家、民族、宗教、产地或质量误认、不良影响、县级以上行政区划地名等方面的标志不得作为商标使用。现实情况常常是，申请人认为自己的商标没有构成第十条所指的情形，所以在申请商标时使用了。在这种情况下，商标局初步审查时认为构成第十条规定的情形，继续复审就是最佳选择了。一来商标局驳回决定不生效，二来在涉及第十条的标志上，分歧总是存在，再尝试说服审查员一次总是值得的。虽然在涉及宗教、政治、民族、低级趣味等问题的时候，无论哪一级行政机关和司法机关都会比较谨慎。

第七，对于适用《商标法》第十一条规定、以显著性理由驳回的商标申请，如果想要以"经大量使用已获得商标显著特征"这一理由获准注册，就必须通过驳回复审。因为在复审时才有机会提交大量使用证据，以证明该标志通过使用已获得显著特征。而且如果真的在使用的话，复审需要半年左右，自己手头的证据就会更多了，获得初步审定的可能性也会增加。

第八，申请驳回复审最大的好处，其实是向行政机关再次表明这件商标对申请人的重要性，或者说申请人对这件商标的重视程度。可有可无的商标基本都不会选择驳回复审的。所以，从理论上讲，驳回复审的申请人等于第二次提出申请。第二次比第一次传达的信息总是要更隆重、郑重些，复审审查员对待案件的态度也会更隆重、更郑重些。

59

当我说商标驳回复审时我在想什么

首先说明一点，本文只是想介绍一下我个人在审理以相对理由驳回的商标驳回复审案件时的一点思路，不探讨理论问题。尽管审查员一定是在理论指导下审理案件的。

一件商标注册申请被商标局驳回了，申请人选择到商标评审委员会申请复审，一般意味着申请人认为该商标有特殊之处，属于审查标准中“但是”的范围。

法律设计驳回复审程序，也是为了给商标注册申请人一个救济的途径，多一次能够获准初步审定的机会，而不是多一次被驳回的机会。所以，我认为每一件商标驳回复审案件都是个案。审理商标驳回复审案件要尽可能考虑该案中的特殊情形，努力让审理结果符合客观实际，即在消费者混淆可能性较低的情形下，让真正使用商标的人拥有注册商标。而因为每一件商标的驳回理由不一样，复审理由不一样，商标的使用情况不一样，所以一件商标案件的审理结果基本上很难成为另一件商标案件审理的依据。

不过，在实践中，商标评审委员会再三强调的一点是：案情接近的案件，审理结果要尽量保持一致。所以，在审理案件时审查员做的第一件事情是查询前案。说实话，这个工作量也挺大。

这里不讨论前案的问题，只介绍作为审查员，我在审理一件不涉及绝对理由的驳回复审商标案件时，会考虑什么。我考虑的内容起码包括以下几个点：

申请商标与引证商标标识本身的近似程度；

申请人使用申请商标的原因；

申请商标是否与申请人名称一致；

申请商标与引证商标使用的商品是否有所区别（同一类似小组的商品也是有区别的）；

申请商标指定的商品是否属于申请人的主营业务（判断申请商标对申请人的重要程度）；

申请商标的实际使用情形，是否与申请人建立了较为紧密的对应关系；

引证商标是否与引证商标所有人名称一致；

引证商标指定的商品是否为引证商标所有人的主营业务，引证商标是否为防御性商标。

可以看出，这里的很多因素都不会体现在驳回复审决定书中，而且很多因素主观性都很强。比如，引证商标指定的商品是否为引证商标所有人的主营业务，引证商标是否为防御性商标。我确实没法确切知道这个，因为引证商标所有人并没有参与到驳回复审案件中。

但我想蒙牛公司很可能不会在玻璃加工机商品上使用“蒙牛”商标，如果此时的申请商标是“蒙乐牛”商标（这个商标是我随手编的），那么消费者混淆的可能性就很小，但如果两商标都使用在奶制品上，混淆的可能性就很大。

所以，有时我会上网搜索一下引证商标的使用状况。虽然审查员上网查到的资料通常不能作为审理案件的依据，但我还是这么做了，目的就是尽可能地让自己内心确信地初步审定一件驳回复审的商标。

我举个真实的案例。申请商标为“诸夏 zhuxia”，申请人为河南诸夏企业管理咨询有限公司，指定使用的服务为广告、人事管理咨询等；引证商标为“zhuxiatrade”，引证商标所有人为广州市竹下贸易有限公司（以下简称“竹下公司”）。

该案中，虽然申请商标与引证商标的拼音相同，且引证商标亦可能对应汉字“诸夏”,但引证商标所有人为竹下公司,我认为其对应汉字更可能为“竹下”（这里不讨论其可能根本没有对应汉字的情况），同时申请人名称与申请商标相同。申请人提交的证据足以证明其为诚信使用，而且使用在服务上时，消费者一般会施以较高注意力，混淆的可能性较小。所以，合议组的审理结果是对申请商标予以初步审定。

写这篇文章真是费劲，因为不想讨论，而显然我的一些做法与某些天生就代表正确的判决书中的观点有些不同。特别是多年的实践让我认识到，“近似商标”“类似商品”“混淆的可能性”“可能损害”等概念无论怎么争论，无论达成多少理论上的共识,在具体案件中都很少能让所有参与者心服口服地认同。

我相信讨论永远有意义，只是我不想讨论。我只知道在已经有 1000 多万在先注册商标的情形下,在后商标申请人很难找出一个完全不同于他人的标识，而这 1000 多万注册商标中又有相当一部分是不使用的，是享有权利的“死”商标。

既然商标审查实际上审查的是可能性，两害相权取其轻，最好的选择大概是尽可能地少让“死”商标挡住“活”商标的路。所以我宁愿相信在商标申请人能够证明其诚信经营且实际使用申请商标的前提下，并存几件看起来有点像的商标，这样一来，在实践中导致消费者混淆误认的可能性也很小，损害在先商标权利人利益的可能性也很小。

不过，据我了解，目前在商标驳回复审案件中，做出驳回决定的案件还是大多数。这倒也可以说明商标审查协作中心、商标局、商标评审委员会的审理标准其实是一致的。

60

商标驳回复审时应该说什么

在审理大量的驳回复审案件时，我们会见到很多让人无奈的复审理由。

比如，有一个申请商标为马的图形，商标局引证在先的“骑手及马图形”商标将其驳回，因为二者的图形都是马，虽然表现形式确实有所区别。该当事人的复审理由之一为，引证商标呼叫为“骑手”，而申请商标呼叫为“马图形”，二者呼叫方式不同。

呼叫方式不同确实是判断两件商标有无混淆可能的重要考量因素。特别是两件外观有点近似的图形商标，如果呼叫方式完全不同，并存导致消费者混淆的可能性就很小。

但是，我真的没见过哪件商标呼叫为“马图形”的。不知是我见识太少还是太过执拗，反正我没办法相信当事人的说辞。

很多当事人常用的另一个理由是，如果申请商标不予注册，会让他蒙受重大损失。这种理由常常让我产生较大的心理负担，似乎驳回这件商标就成了导致人家损失的罪魁祸首。可是作为居间裁定者，我要考虑商标复审申请人的损失，还要考虑在先商标权利人的损失和消费者因混淆而产生的损失。事实是，哪一方的损失我都承担不起。所以，我必须格外审慎。

还有申请人的理由更直接简单。申请商标与在先的引证商标文字完全相同，复审理由就说在网络上查过了，没有发现在先注册商标使用的迹象，请求初步审定申请商标。

驳回复审案件中，所有理由无非是来努力说服商标评委审查员予以申请商标初步审定的。因为商标局仅仅比对了申请商标与在先商标的标识本身而做出了驳回决定，有可能存在不符合实际的情形，法律给予了当事人一条救济途径：复审。

复审，就是给当事人讲理由的机会。但讲理由、说服人是讲究技巧和逻辑的，而技巧和逻辑建立在事实基础上，事实又需要证据来证明。商标标识是客观存在的，谁都看得到。审查员需要做出的判断是，这样两个商标同时使用在同一种或类似商品上时，在实践中是否存在导致消费者对商品或服务来源产生混淆的可能性。所以，当事人要做的事情就是努力告诉审查员，自己的商标在实践中不会让人产生混淆。

如果是图形商标，要告诉审理员呼叫方式是什么，而且要提交证据证明。已经使用的，提交实际使用中的商标图样，往往对应着汉字呼叫；没有使用的，要提交准备使用的证据。没有证据，一般没有说服力。

如果是文字商标，要讲明使用这件商标的原因。要讲得合情合理，比如是你喜爱的物件，是你爸妈的名字，或者文字寓意美好……哪怕是一拍脑袋想到的，也得讲一讲拍脑袋的过程。

使用一个标识作为商标，有千百种理由，但说来说去还是要让审查员相信你的初衷是诚信的，没抄、没偷、没抢。说实话，因为职业原因，见了太多抄的、抢的、靠的商标，在这方面审查员是偶尔会反应过度的。所以，表表诚意绝对是有必要的。

如果商标已经使用了，请务必提交使用证据。仅仅说一句“申请人已经对申请商标进行了大量使用”，作用是不太大的。

使用是个事实，没有证据证明，审查员就无法认定这一事实。而尊重客观已经形成的市场实际，是考量商标是否予以注册的又一因素。在两件商标有所区别的情形下，使用证据的说服力往往是强大的。

当然，商标局驳回商标的理由有多种，上面这些建议更适用于引证在先商标的驳回复审案。

其实，一件商标进入复审，就说明了这件商标对当事人的重要性。重要的事是需要郑重对待的。

写一份理由清晰、逻辑正确、事实有据的复审申请书，是相当关键的。要知道，复审申请书是商标驳回复审案件的开始，而好的开始才有可能带来好的结果。

61

祝创业的你，少和商标评审委员会打交道

此刻，我正翘着右手小拇指敲字。一个多月前不慎摔倒，伤了手指，几十天过去了，外伤已经愈合，但内伤未愈，依然疼痛，小拇指依然肿着，不能弯曲。

我哀叹自己运气太差，别人走得好好的，我却摔了跤；别人摔了跤爬起来没事，我却受了一点小伤，还总是好不了。其实我内心清楚，根本原因是我年龄大，身体协调性差，体质弱，康复速度慢，所以只有老实地继续擦药膏、贴膏药，同时下定决心加强锻炼，增强体质。

我十分清楚好运气通常不是随随便便就降临的。内功深厚、身手矫捷的人躲开绊脚石的概率总是要大一些，看起来似乎就有了不摔跤的好运气。

我想人世间的很多事情都是这样的，虽然确实有个别人难得的运气好，总是顺风顺水，但绝大多数人得靠硬功夫、真本事保自己平安。

尤其以解决纠纷为职业的我，见惯了太多“运气差”的人和事，而大多数的“运气差”深究起来，都有当事人自己功力不深的原因。

比如有的人创业，业务做得有模有样，商标却注册不下来。有一位当事人在异议复审理由中说，他不过是想做个企业，现在都被逼当了作家，因为一直在写商标注册的答辩理由。

他的运气确实有点差。本来他只想做食品添加剂一种商品，也只想要这一件商品上的商标，可是别人告诉他申请十件商品和一件商品的钱是一样的，不申请白不申请，于是他就随便加了几项其他商品。在那些他根本不会做的商品上的注册申请，引起了某在先商标注册人的注意，并对此提出了异议。这下他就开始忙着应对一连串的案件，不得不走完了法院二审的程序。最终他的商标还是只在食品添加剂一项商品上获得了注册，不过时间延后了几年。

他觉得很倒霉，因为他绝无靠傍他人的意思，却惹了一连串的官司。但《商标法》的作用不仅是制止那些抢注和靠傍他人商标的注册，还要保证在某类商品和服务上只有唯一的商标受到保护，从而保证注册商标所标示的商品和服务来源是确定的。而且商标的注册保护依法产生，并不以主观意愿确定。远在千里之外的你可能确实不知道我家门前有家饭店叫作“自然门”，但只要这家饭店把“自然门”在餐馆服务上注册为商标，你开的饭店也用了这个名字，就可能造成侵权，并且你的饭店越红火，惹上官司的概率就越大。

所以，就算你非常诚信地使用了你妈妈的名字作为商标，加工生产了你爸爸田地里的产品，只要这个商标在这个商品上已经被他人在先注册了，你的使用就是侵权的，你再去申请商标也是不能获准注册的。这完全没有办法，这是必须面对的事实。你也许会抱怨自己的运气怎么这么差，老老实实用个商标还和别人“撞车”了，但更应该做的是想办法避免“撞车”。避免“撞车”的唯一办法是要事先看看前面是否有车开过来，绕开人家行路。

如今，商标注册申请量日益增多，这也就意味着，在后申请人的商标有了被更多在先近似商标挡住的可能，注册申请前的事先查询工作变得更加重要，对专业性判断的要求更高。况且，商标注册申请后可能还要面临被异议、被提无效宣告、被提撤销三年不使用申请等一系列问题，这些都是创业者疲于应对的。

虽然我一直提倡把专业的事交给专业的人做，但作为创业者，还是得练一点有关商标知识的基本内功，知道一些常用的套路，就算你有着兵来将挡的思想准备，也得知道是从哪里来的兵，要找什么样的将。

我想表达的意思是，你读到这篇文章是我们的缘分，但我永远不希望在商标评审委员会见到你的商标。

我真心祝愿创业的你，运气足够好！

62

“Everest”≠“珠穆朗玛”

这件驳回复审案讨论的是外文商标与汉语商标是否构成近似商标的问题，但引起我好奇的是，为什么珠穆朗玛峰在英文里叫作“Mount Everest”？

经查询，原来在19世纪初，时任英属印度测量局局长乔治·额菲尔士（George Everest）开始对包括喜马拉雅山脉在内的一系列山脉进行测量，最终其继任者安德鲁·沃尔夫（Andrew Waugh）于1847年发现珠穆朗玛峰，将其命名为PeakXV。1852年，沃尔夫宣布PeakXV的高度为8839.8米，从而发现珠穆朗玛峰是世界最高峰，时任印度测量局局长建议将其命名为“Mount Everest”即“额菲尔士峰”，以纪念他的前任，此举得到了英属国家皇家地理学会的同意。

这故事在西方人眼里估计合情合理，但中国人听来总有些别扭。

因为“发现”这个词太有能量了，仿佛在山前山后生活了几千年的人从没有发现这座高峰一样。我一直在想，“发现”这个词要是这么用的话，美洲新大陆当然是哥伦布发现的，欧洲大陆则是成吉思汗发现的。

事实上这座高峰本来有它的藏语名字“job-moglang-marib”（珠穆朗玛），是“大地之母”的意思。1952 年,中国政府正式统一使用“珠穆朗玛峰”的名称。据说珠穆朗玛峰的尼泊尔语名是萨迦玛塔（Sagarmatha），意思是“天空之女神”，这个名字是尼泊尔政府在 20 世纪 60 年代命名的，而中国台湾地区则称之为“圣母峰”。

从商标角度来说，不管这些词代表的是东方包容、大度的女性象征，还是西方探索、占有的男性精神，“Everest”都与“珠穆朗玛”指向同一事物，即世界第一高峰。因此，埃沃若思特有限公司在餐馆等服务上申请的第 13977126 号“Everest”（指定颜色红）商标，被商标局引证在先注册的第 9305846 号“珠穆朗玛 ZHUMULANGMA”商标驳回了。

埃沃若思特有限公司非常想把这个商标收入囊中，坚定地走完了余下所有的法律救济途径：复审、法院一审和二审。

只是四个审级得出了一致的结论：申请商标“Everest”可译为“珠穆朗玛”，与引证“珠穆朗玛 ZHUMULANGMA”相比较，在含义、指代事物等方面相近，若并存于饭店等同一种或类似服务上易使相关公众混淆，故二者已构成《商标法》第三十条所指的使用在同一种或类似服务上的近似商标。

“Everest”商标被驳回注册申请。

北京市高级人民法院的判决书还提到：“商标近似是指商标的字形、读音、含义或图形的构图及颜色，或者其各要素组合后的整体结构相似，或者其立体形状、颜色组合近似，易使相关公众对商品或服务来源产生误认，或者认为其来源与他人在先注册商标具有特定联系。判断商标是否构成近似，应当以相关公众的一般注意力为标准，既要考虑商标标志构成要素及其整体的近似程度，也要考虑相关商标的显著性和知名度，所使用商品或服务的关联程度，以是否容易导致混淆作为判断标准。”这段话放在任何一个相同近似判断的商标案件中都适用，其重点在最后一句：“以是否容易导致混淆作为判断标准。”

指代同一事物的词用不同的语言表达，在大多数情形下，使用在同一种或类似商品上，还是易造成消费者混淆误认的。所以，无论是“Everest”“Qomolangma”还是“Sagarmatha”“珠穆朗玛”，在同一种或类似商品上，作为商标而言，它们是没有什么机会并存注册的，但作为山峰的名字，它们实实在在地并存着。

63

“纯滚动轴承”如何注册商标

当我看到某公司在“滚珠轴承、机器用耐磨轴承、轴承（机器部件）”等商品上申请注册“纯滚动轴承”商标时，想起了之前看到的一句话：你以为大家都知道的事情，可能有1亿人不知道。

这句话让我印象深刻，是因为我感受到两层意思：一是最基本的常识内容也是有意义的；二是要努力传达正确的知识，不能误导第一次听到的人。

《商标法》上的商标显著特征的概念，确实可能有1亿人不知道，但不能用商品名称本身作为这件商品的商标，我一直以为这属于基本的常识，大多数人是知道的。“纯滚动轴承”商标的注册申请，再次让我意识到，一个人认为的基本常识，还真可能会有1亿人不知道。

提出“纯滚动轴承”商标注册申请的上海某纯滚动轴承有限公司。他们不仅提出了这件商标申请，在被商标局驳回申请后，还选择到商标评审委员会提出复审申请，结果当然是再次被驳回。

商标评审委员会认为:“纯滚动轴承”为轴承的一种,指定使用在“滚珠轴承、轴承（机器部件）、机器用耐磨轴承、车辆轴承”商品上表示了商品的通用名称，指定使用在“农业机械、纺织机、化学工业用电动机械、风力动力设备、机器用齿轮装置、真空吸尘器”商品上表示了商品相关零件的通用名称，缺乏商标应有的显著特征，已构成《商标法》第十一条第一款第（一）项所指仅有本商品的通用名称的情形。

商标的基本功能是识别商品或服务的来源，比如“华为手机”表示手机来自华为公司，“腾讯新闻”表示新闻来自腾讯公司，“网易游戏”表示游戏来自网易公司。要识别商品或服务的不同来源，商标就得与商品或服务本身的名称不一样。

通常情况下，适用“仅有本商品的通用名称、图形、型号的”标志不得作为商标注册这一规定时，分歧产生于该商标是否属于本商品的通用名称、图形、型号。本案的特别之处在于，申请人作为纯滚动轴承公司，理应知晓“纯滚动轴承”为轴承的一种，不明白的大概是商标的概念，毕竟他们不是研究商标的。

而这件商标注册申请的商标代理人理应明白商标的概念，不知晓的可能是“纯滚动轴承”为轴承的一种，所以刻意指出“申请商标具有其独特的设计外观和内涵，并非指定商品的通用名称，未违反《商标法》第十一条第一款第（一）项有关规定”，他应该属于另一个亿分之一，毕竟商标代理人不研究轴承。

我也不研究轴承，但在网上一搜索，就确信“纯滚动轴承”是一类轴承的通用名称。而且我仔细观察了这件“纯滚动轴承”商标10分钟，也没有理解其“独特的设计外观和内涵”是指什么，也许“独特”的是我，理解不了人家的“独特”。

不过，就《商标法》第十一条第一款第（一）项而言，商品的通用名称不能作为商标注册的规定还是有点独特的，因为它无法适用第二款“前款所列标志经过使用取得显著特征，并便于识别的，可以作为商标注册”的规定。不知道怎么更通俗地解释这一点，只能说我还是相信正常人的正常理解力和正常行为方式，不会真有人把“智能手机”作为手机的商标使用，把“纯滚动轴承”作为轴承的商标使用。

不使用，为什么还会提出商标注册申请？对于这个问题的答案，我属于不知道的那1亿人中的一个。但不知道答案也不影响我说出最想说的话：不要在某件商品上用该商品的通用名称来申请商标注册，这纯粹是乱花自己的钱，浪费审查员的时间精力。

64

商标是产品特写而非全身照

有朋友向我咨询商标注册事宜。这位朋友发明了一种中医治疗方法，想要把治疗方法的名称注册为商标。我直接给出了否定意见。

一种治疗方法一般情况下不会被消费者识别为商标，所以起不到识别商品或服务来源的作用，也就是缺乏商标显著特征，难以获准注册。就算注册为商标了，他人作为治疗方法使用时，也属于正当使用，一般不构成侵犯商标权的行为。

注册一件商标却难以获得法律保护的话，注册的意义也就不大了。

但我可以理解申请人寻求商标保护的心情。在整个社会全面商业化的今天，一点创意、一个名字、一种方法等都可能带来收益，想独占这种收益是正常人的正常想法，虽然从法律上讲，可能不满足保护的条件。

商标的法律保护是有条件的。比如,《商标法》第十一条第一款规定:“下列标志不得作为商标注册:(一)仅有本商品的通用名称、图形、型号的;(二)仅直接表示商品的质量、主要原料、功能、用途、重量、数量及其他特点的;(三)其他缺乏显著特征的。”

不能注册，当然也就不能获得《商标法》的保护。在实践中，有不少类似的商标被挡在了注册大门之外，例如第 21920938 号“米饭盒子”商标和第 26401425 号“接单保”商标。

第 21920938 号“米饭盒子”商标指定使用在自助餐厅、餐厅、快餐馆等服务上，商标局与商标评审委员会均认为该商标仅直接表示了服务的内容等特点，缺乏注册商标应有的显著特征，构成《商标法》第十一条第一款第（二）项所指情形，据此驳回了注册申请。

第 26401425 号“接单保”商标指定使用在保险承保、保付代理服务、担保等服务上。商标局与商标评审委员会均认为,“接单保”中的“保”字具有“保证、保障”的含义,“接单保”易被理解为“接单的保障”，仅直接表示了服务的内容,不具有区分服务来源的作用,已构成《商标法》第十一条第一款第（二）项所指情形，据此驳回注册申请。

不过第十一条的规定是有例外的。该条第二款规定:“前款所列标志经过使用取得显著特征，并便于识别的，可以作为商标注册。”只是在“米饭盒子”商标驳回复审程序中，申请人提交的证据，不能证明该商标经使用已经取得注册商标应有的显著特征。

写这篇文章时，我上网查了下，发现还真有一家“米饭盒子”餐馆，不知道是不是申请人开的，但我知道的是，如果这家店开得够久，消费者也认可了，还真有可能能注册为商标。

至于“接单保”商标，申请人是北京嘀嘀无限科技发展有限公司。我不知道他们是怎么使用这三个字的，以后能不能获准注册就更不知道了。

其实《商标法》第十一条第一款第（二）项适用时经常会有争议，原因就在于该条款有“仅直接表示”的要求，不同的文字对于不同的商品和服务有着千万种表达，真没有一个“仅直接表示”的标准答案。

但不管有没有标准答案，审查员也必须给个答案。虽然以我的了解，这种答案基本都是在慎之又慎的讨论思考后给出的，但也不一定能说服所有人。这也算是《商标法》的难点之一吧。

权衡过后，总有取舍。从商标注册和保护的角度讲，我建议使用商标时，尽量不要选择涉及商品的质量、主要原料、功能、用途、重量、数量及其他特点的标志，涉嫌“仅直接表示”就更不可取了。不过，从品牌的记忆和推广的角度讲，可能和商品或服务发生些关系，在市场上更容易立足。

65

今天你被驳回了么

儿子昨天对我说:“你们老年人，就爱用微信。”

“老年人？”我立刻抗议，“我还没老哟。”

儿子改口说:“好吧，中老年人。”

作为一个站在老年边缘的中年人，我不甘心地接受了“中老年人”这个叫法，但还是禁不住在心里问了自己许多遍：我，老了么？

其实就算问多少遍，事实也只有一个：我就这样慢慢老了。

又一年就这样很快要过去了。年底的追问已经开始在朋友圈转来转去了，不同的人问着或者被问着不同的问题：“好了么？大了么？瘦了么？生了么？累了么？订了么？亲了么？买了么？试了么？秀了么？睡了么？胖了么？穿了么？发了么？修了么？约了么？装了么？饿了么？美了么？……”

相信不同的人对这些问题有着不同的答案。我要说的是，这些都是应该问的好问题，但就因为其是问题，所以这些词语作为商标提出注册申请的结果就不那么好了，除了“饿了么”“美了么”商标被核准注册了，其他“× 了么”商标都被驳回了。

驳回原因可以参见第 19492300 号“试了么”的商标驳回复审决定书。这件驳回复审案的裁文在商标评审委员会网站上已经公布了。

第 19492300 号“试了么”的商标申请人是一家合肥的商贸有限公司，商标指定使用在第 38 类无线广播、新闻社服务、信息传送、电话业务等服务上。

合肥这家公司被驳回复审申请的主要理由是，“试了么”商标为其独创，具有显著性，且经过使用已具有区分服务来源的功能，未构成《商标法》第十一条第一款第（三）项所指的情形；其他相类似的商标已有核准注册的情形。但其并没有向商标评审委员会提交证据。

商标评审委员会经审理认为，申请商标“试了么”用在指定服务上，不易使消费者将其作为商标识别，缺乏显著性，已构成《商标法》第十一条第一款第（三）项所指的不得作为商标注册的情形。申请人所称其他相类似的商标已核准注册的情形，不能成为申请商标获准注册的当然理由。申请人在本案中并未提交证据证明申请商标经过使用已取得商标应有的显著性。

我查询了一下才知道，原来很多人喜欢用问题来做商标，“× 了么”这种句式的商标注册申请远远不止几十种。这些词语作为常用的生活用语，在一般情形下确实起不到商标的作用，比如当你看到“试了么”三个字时，想到的一般是一段完整的对话，并不会将其当作商标来识别。但如果这个词大量地被作为商标使用，就有可能像“饿了么”一样真正成为商标被核准注册。

也许这些“× 了么”的商标注册申请都是在向“饿了么”学习和致敬，但“饿了么”之所以能够获准注册，显见是因其大量使用从而能够让消费者识别服务来源。当我们叫外卖时，只要想到在“百度外卖”“美团外卖”和“饿了么”外卖中做选择，就意味着“饿了么”已经不被当作问题，而是被当作商标来识别了。

有的类似商标在注册申请时借鉴了“饿了么”的成功经验，如“真了么”商标就在真货导航、品牌维护等服务上真实使用，相信它们最终也会通注册申请。

我不知道这些“× 了么”的商标除了注册申请，是不是也学了“饿了么”在创建品牌路上的努力与付出。我能确定的是“老了么”没有一件商标注册申请，可见也不是所有“× 了么”都被人喜欢。

在“试了么”商标这件案例中，值得讨论的还有一个词“独创”。这件商标的申请人认为把“试了么”作为商标申请为其独创，可是在商标概念上，“独创”更多的是指原本没有这个词，使用人创造了一个新的组合作为商标使用，如“海尔”“腾讯”等。仅把一个人们在日常生活中问的问题“试了么”作为商标申请，并不构成商标“独创”。但独创绝对值得鼓励和支持。所以，我倒是更想问自己一句：这一年，唯我独创的东西是什么？

认真想了想，还好，总算有一件——我的公众号“张月梅的商标文”。

66

温情而无用的广告语

陪我结束 2017 年的是一场流感。发烧 7 天，浑身酸痛，嗓子暴疼，嘴里奇苦，然后是彻夜的咳嗽。10 天里，我基本都在床上窝着，却又没睡过一个超过 3 小时的整觉。

知道我生病的朋友无一例外地对我说了这句话：多喝开水。不知道是不是喝水真的起了作用，现在感冒基本上好了，除了嗓子里痰堵得有点难受之外。

这世上有些话永远绝对正确。不管有没有病，叮嘱一句“多喝开水”既能表现出关心，又不至于显得过分亲近，更不会犯错误。这真是一句万能用语。

万能用语的特点之一，就是说了等于没说，比如这句广告“好水喝出健康来”。既然白开水都能治病，说句好水（管它什么水）可以喝出健康来，显然也没什么毛病。

不过还是有公司想把这句广告语作为商标获准注册。其中，北京 ×× 贸易有限公司在广告宣传、电视广告、商业橱窗布置等服务项目上申请了“好水喝出健康来”商标，并认为使用在指定服务上具有显著性。在被商标局驳回注册申请后，他们选择到商标评审委员会申请复审。

商标评审委员会认为，申请商标“好水喝出健康来”为广告用语，使用在指定服务上，不能起到区分服务来源的作用，不易使相关公众将其作为商标识别，已构成《商标法》第十一条第一款第（三）项所指情形，不予初步审定。

也许拿一句说了和没说差不多的广告词举例，本身也像白开水一样缺乏吸引力。不过就算是“我和草原有个约定”“带着爸妈去旅行”这种看起来情感丰富的句子，也一样因为被认为缺乏商标显著特征而驳回。

在此我想特别说明的是，我个人认为，就广告词而言，这些语句怎么用也不应该通过注册。也就是说，广告语经使用并不能构成《商标法》第十一条第二款所指的“前款所列标志经过使用取得显著特征，并便于识别的，可以作为商标注册”的情形。不过这仅代表我自己的观点，商标库里肯定能找出几件已经注册为商标的广告词。但我认为不同的商业标识在市场经营活动中起着不同的作用，各司其职，并不能相互替代。广告语就是广告语，并不能因为其广告做多了，显著特征大了，就能成为商标。

我想商标和广告语就像房子的门和窗一样，是完全不一样的两种东西，功能、用途是各自分明的。虽然门可以透光，有的窗也可以出入，但没人认为一扇窗出入得多了就成了门。虽然一句广告语听多了确实也会与某企业对应起来，起到一点商品来源的识别作用，但也没有人会因此把广告语识别成品牌。比如“Just Do It”（耐克），“没有最好，只有更好”（澳柯玛冰柜），“只溶在口，不溶在手”（M&M 巧克力）等，这些广告词最后还是会让消费者想到品牌的名字，而不是这些广告词本身最终会成为品牌。

企业申请广告用语作为商标的事情早就不奇怪了，不占白不占的思想在哪里都有市场，况且商标这东西有时占了还真不白占。去商标局申请一件商标费用是 300 元，而某地政府对于每件注册商标的奖励是 1000 元，有些人简直把注册商标变成了一条生财之路。

67

《神仙送参图》PK《神童送宝图》

大家可以看一下下面这两幅图，它们本是普通的图形，但有人将其注册成了商标，就产生了商标案件，分歧也随之而来。

第一幅被称为《神童送宝图》，是这样的：

第二幅被称为《神仙送参图》，是这样的：

这是两件美术作品，不过我们现在讨论的却是商标问题。

第一幅图是第 6029861 号图形注册商标，注册人是广东正韩药业股份有限公司，指定使用的商品为第 30 类“可可饮料、茶、糖、人参糖、冰糖燕窝、食用冰”等。这是本案的争议商标。

第二幅是第 1622962 号图形注册商标，注册人是韩国人参公社，核定使用在第 30 类绿茶、红茶商品上。韩国人参公社的另外几件商标也用了这个图。这是本案的引证商标，一共 7 件。

韩国人参公社的商标注册号小，是在先商标，因为商标的注册号是按照申请时间先后顺次排序的，越在先申请的商标，序号越小。本案中，韩国人参公社以在先商标权为理由之一，请求商标评审委员会对第 6029861 号图形商标宣告无效。

这件注册商标最后真的被宣告无效了，只是过程有点复杂。商标评审委员会和法院对两件图形商标是否构成近似商标意见不一致。商标评审委员会最初做出裁定认为，争议商标与引证商标在构图元素、整体外观等方面整体存在较大差别，未构成近似商标。

但两审法院都认为两个注册商标构成近似商标。北京市高级人民法院的判决是这样描述的:“争议商标与引证商标一至七均为图形商标，其构图元素均包含古装人物、山川、云海，其中人物均为左右布局，右侧为脚踩云雾的神仙，左侧为接受神仙赠物的百姓，背景均为山川和云海。争议商标与引证商标一至七在构成要素、人物动作、整体布局和视觉效果上相似程度较高，已构成近似商标。”

单独看裁定或判决，都有道理，当然，最后结果是有终审权的法院说了算。商标评审委员会执行法院判决，已重新审理，做出无效宣告裁定，把这幅《神童送宝图》请出了注册商标的队伍。

作为一名老审查员，我非常理解这样的分歧。仅看标识本身，我认为两幅图的区别还是很明显的，即使是作为商标使用在人参糖等商品上，也不至于导致消费者的混淆。但我相信，法官是在庭审质证了众多证据后做出的结论，应有其道理。双方当事人在法庭上提交了更多的证据。

有意思的是，这两幅图应该都没有被当作注册商标使用。我在网上搜了一下，两家的商品分别是这样的：

虽然两幅图都被突出使用，但只是作为包装的装饰图而不是商标。两家公司分别有自己的商标“正官庄”和“正韩”。但两家公司却打了一场持续两年的图形商标官司，这是典型的“商标之意不在注册”。

注册商标从来不仅仅是商标的问题，还是商业运行的一部分，事关行业竞争，事关企业发展。这就使得商标的问题变得复杂起来，个案性十足，只能具体问题具体分析。就算是最基础的近似商标判断，也涉及标识、商品、实际使用情形、行业现状、注册人的主观意图等众多因素。

所以，每一件注册商标案件都值得被认真对待。

68

商标生死线之一：通讯地址变更

常常网购的人都知道，下单时确认一下正确的收货地址是必不可少的。如果搬家了，在第一时间更改收货地址也是十分重要的。因为地址错了，购买的东西就可能送错地方，麻烦又误事。

可是很多商标所有人搬家后却常常忘记向商标局申请地址变更，不告诉商标局新的通讯地址。结果可能是，你这边还在热火朝天地推广品牌，那边商标已经被撤销了，你的品牌变成了没有法律保护的未注册商标。

一般的情形是，在商标还没有注册时，当事人还是比较关心商标状态的，还会想着商标注册证送达的事情，地址一般也是正确的。可是当商标注册证收到后，他们认为权利已经在手，就开始放心大胆地进行品牌推广了。推广得越好，就越需要更大的厂房店面，搬家的次数越多，地址也变得越快。这时，如不及时变更商标档案上的地址，悲催的事情发生的可能性便越大。

常见的情形有两种：一种是商标专用权的十年期限到了，到商标局去申请续展，却被告知这个商标早就被撤销了；另一种是生意正做得热热闹闹时，侵权函到了，当事人这才发现自己的商标早已经被撤销，被别人注册了。

无论哪种情形都很可怜，都是小过失导致的大损失。

因为这一切发生的根本原因仅是少了一个细节：没有到商标局变更地址，以致于没有收到商标局和商评委发出的撤销答辩通知书、无效宣告答辩通知书及各种裁定书，失去了答辩的机会，最终失去后续法律救济的机会。

事实是，商标局或商标评审委员会从来都不会不通知当事人就直接撤销注册商标，目前采用的是书面和电子两种送达方式，而且送达不到还会公告送达。如果这样依然通知不到，那就没有办法了，只好在一方当事人“静悄悄”的情形下审理案件。虽然这并不代表一定会撤销没有“说话”的当事人的商标，但我们都知道说出自己的理由总是重要的。

这里要特别强调的是，在连续三年不使用的撤销案件中，如果不提交使用证据的话，商标一定会被撤销。在此，我借用最高人民法院的文字解释一下撤销连续三年不使用商标的法条：

“注册商标长期搁置不用，不仅无法发挥商标功能和作用，而且还会妨碍他人注册、使用，从而影响商标制度的良好运转。因此，《商标法》规定，注册商标连续三年停止使用的，商标局可以撤销其注册商标。应当注意的是，该条款的立法目的在于激活商标资源，清理闲置商标，撤销只是手段，而不是目的。因此只要在商业活动中公开、真实地使用了注册商标，且注册商标的使用行为本身没有违反商标法律规定，则注册商标权利人已经尽到法律规定的使用义务，不宜认定注册商标违反该项规定。”

通俗一点说，就是只要提供最基础的合法使用证据，商标就不会因不使用而被撤销，但这里的前提依然是提供了证据。如果根本没有收到商标局要求提供证据的通知，也就不可能提供证据，自然也就不能证明使用的事实，商标局只能撤销“没使用”的商标。

说实话，没有审查员能知道那些因为没有提交使用证据而被撤销的商标，有多少是使用了三年、五年、十年甚至二十年的，有多少是真的从来没使用过的。反正每次我查询商标状态时，发现某商标是因为未提供证据而被撤销的，心都会为那个当事人疼一下。

但我疼几下也没有用，重要的是商标所有人要明白：商标永远不是获准注册就万事大吉了，必要的维护是不可缺少的。切记及时续展，及时变更地址、当事人名称，及时查询商标状态。

细节决定成败，在商标权利的维护上也不例外。

69

商标生死线之二：发票的规范使用

在朋友圈看到一篇文章，说不是所有确定要驳回的商标都不能获准注册，因为有撤销“连续三年不使用申请”这个神器，能帮助我们把注册的障碍清除。它的做法是多人次对在先的商标提出撤销申请，张三提一个，李四提一个，王五提一个，万一在先商标所有人对其中一个没有答辩，商标就被撤销了。在先的商标被撤销了，在后的商标就可以获准初步审定。

因为撤销申请是依法提出来的，所以我对怎么提撤销也就不评论什么了。反正大家都知道合法的不一定是合理的。而且我还知道，相当一部分因三年不使用而被撤销的商标，确实是因为没有答辩、没有提供使用证据而被撤销的。如果确实因为没使用而没有提交使用证据，倒也符合这一条法律的本意：让不使用的商标资源释放出来给真正需要的人使用。

可是，有一种情况也是不能排除的，而且发生的次数也不少，就是商标在实际使用着，可使用人因为没有收到答辩通知而没有提交使用证据。

没有提交使用证据的案件没有什么可讨论的，唯一的重点就是切记要及时答辩。但对于一家企业来说，正在使用的商标因没有答辩而被撤销了，估计是最恐怖的事情之一了，让人感到“荒唐又憋屈”。

这个世界确实每天都在发生着各种荒唐又憋屈的事，但“撤三”依法而发生，荒唐不一定，让人感到憋屈倒是一定的。特别是那些提交了使用证据的商标，因为证据的证明力不够，也有一些被撤销了。这些商标所有人常常会感到格外憋屈，但裁定或者判决书中又明明白白地写着使用人提交的证据不能证明其使用了商标的事实，更让人感到难过。

我一直不想谈论撤销三年不使用条款的内容，就是因为商标使用者和案件审理者有时很难对证据的认定达成一致。产生分歧的关键和审理难点在于：很多证据，如合同、发票等，常常没有被规范使用，不是没标注时间，就是没写上商品，甚至根本不显示商标。

而每件案件又因证据的不同和案件本身的独特性，不管出台多少审理标准，具体到每个案件中，依然要对每一份证据及全部证据的证明力一一做出判断，而没有办法套用一个模板去处理。

我也知道在实践中很多人确实不会在发票上写上商标，尤其是图形商标，但不能因为现实中存在开发票不写商标的事实，就认定某张发票确实是某商标的交易凭证，就好比朋友间借钱经常不打借条，因此就必须相信我说的“你借给我钱”的话。想要证明你借给我钱，我还得拿出借条，所以朋友间借钱打借条，可能会伤感情，但保证不会伤钱。使用发票也是同理。在每一张发票上规范地写上商标，可能会让人不习惯，可能让人觉得浪费时间又麻烦，但在关键时刻却可以保住商标。

不仅是发票，还包括各种合同、标签、出库单、包装等在商标实际使用中产生的票据、材料，都要尽可能规范地标注商标、商品、时间、使用人。如此，它们才可以成为有力的证据，证明该商标权利人在该时间段内在该商品上使用了该商标。

永远牢记：商标在客观上使用是一回事，在案件中证明使用的事实是另一回事。尽管在实践中，审理三年不使用商标撤销案件，我总是格外审慎，只要商标权利人提交的证据能让我内心确信其真实使用了商标，就尽最大可能维持商标注册。在证据不够完美时，这样审理确实担着很多风险，所以我真心希望每个案件的证据都能完美到无可挑剔。

最后我要引用最高人民法院关于某案判决书中的一段："撤销不使用商标的目的不是为了惩罚商标权人，而是为了促使商标权人实际使用商标，发挥商标的实际效用，防止商标资源浪费。"

如果张三、李四、王五轮番上阵对某一商标提出撤销三年不使用申请，而他们这么做的唯一目的，就是让该商标所有人没答辩而使该商标被撤销，那么这种申请本身也不值得尊重，在审理商标驳回复审案件时，也就没有必要因为在先的引证商标被人提了撤销三年不使用申请而暂缓审理，直接根据审理案件时引证商标的状态审理就可以了。即使商标被提出撤销三年不使用申请，只要案件还没有审理，该商标就是享有在先权利的注册商标。

所以，在《商标法》中，"撤三"确实是神器。但也是一把"双刃剑"，善意使用就是维护商标注册秩序的，恶意利用就是破坏商标使用制度的。

练好内功绝对是最重要的。而对于商标使用，这内功真经的秘诀就是规范使用发票等凭证。

70

从未见过的商标有效宣告裁定书

我有点难过。

惦记了很久的旅程，在临行前退了机票。人生中总是会发生一些意外的事情，在一瞬间就改变了生活的轨迹。虽然我明白，在北京或不在北京，日子这样过或那样过，有时也不代表对或错。而遇到的事情，不管是生活之重还是生活之轻，都只能承受。

我努力用认命来替代抱怨，接受所有发生的事情。但有些时候的有些事，真的对错分明，而且本不应发生，更不应该成为某些人的生活之重。有一位朋友在我公众号后台发来他看到的一份商标有效宣告请求裁定书，并问我是否存在这类文件。我的答复很干脆：没有有效宣告裁定书，只有无效宣告请求裁定书。

《商标法》第四十四条第一款规定："已经注册的商标，违反本法第十条、第十一条、第十二条规定的，或者是以欺骗手段或者其他不正当手段取得注册的，由商标局宣告该注册商标无效；其他单位或者个人可以请求商标评审委员会宣告该注册商标无效。"

第四十五条第一款规定："已经注册的商标，违反本法第十三条第二款和第三款、第十五条、第十六条第一款、第三十条、第三十一条、第三十二条规定的，自商标注册之日起五年内，在先权利人或者利害关系人可以请求商标评审委员会宣告该注册商标无效。对恶意注册的，驰名商标所有人不受五年的时间限制。”

法律对于宣告无效的规定，本意是宣告那些本来就不合法律规定的商标注册自始无效。这些注册商标分两种情形：一种是该标志本身就不能作为商标注册，商标局发现其注册后可以自行纠正，宣告其无效，其他人发现后也可以请求商标评审委员会宣告其无效；另一种是标志本身可以注册为商标，但如果有人认为该商标的注册侵犯了其享有的在先权利，并在规定期限内提出无效宣告请求，商标评审委员会审理后认为确实侵权的，可以宣告该商标的注册无效，如果经审理认定不存在侵犯他人在先权利的事实,就维持该商标的注册(有效)。

但是不论商标评审委员会做出的结论是宣告该商标无效，还是维持该商标注册，发出的公文都叫作无效宣告请求裁定书，结论会写在裁文的正文中，而不是公文的标题上。现在有些人目无法纪，公然伪造公文，让许多人无端吃亏，实在可恶。从法律知识普及的角度，我想告诉朋友们，商标评审委员会做出的裁文主要是四种：驳回复审决定书、不予注册复审决定书、无效宣告请求裁定书撤销复审决定书，还有一种叫作无效宣告复审决定书，但这种案件的类型极少，基本看不到这种裁文。但无论哪种公文，仅从名字都看不出结论，审理结论都写在正文中。

第一次看到所谓的有效宣告裁定书，我还真被伪造者的创造力吓了一跳，其造假能力同样惊人，一份 2018 年提起的请求案件，2017 年就编了文号。这之前我从没想过需要写这样的内容来普法。善良限制了我的想象力。

71

总有断骨不能愈合，总有商标不会宣告无效

有一天早上，我起来决定好好锻炼身体，在附近小公园活动了一个小时后，我满怀对未来拥有健康体魄的信念回了家。上午 9 点，一个不小心，左脚大拇脚趾骨骨折了。

那年，你决心要好好去创业，找资金、找场地，开始了你的事业，满怀对未来创建知名品牌的信心忙碌着。几个月后，你意外发现，你使用的品牌早已被别人注册为商标了。

受伤后我第一时间去了医院。进行例行检查后，我听从医生的专业意见，固定上支具，回家静养，不安地等待骨头愈合。

发现商标被他人注册后，你立刻向商标代理人咨询。充分沟通后，接受了专业人员的建议，向商标评审委员会对已注册商标提出无效宣告请求，并提交了一系列证据以支持你的请求。然后，继续你的生意，焦虑地等待案件的裁定结果。

四周后，我去医院复诊，发现断骨没有长上，而且医生说长不上了。治疗失败！瞬间，郁闷塞满了我的心肺，我失声问："那怎么办？"医生说慢慢等着断骨萎缩吸收。

12 个月后，你收到了评审裁定书，争议商标予以维持注册。你的无效宣告请求未被支持。裁定书告知你，不服该裁定，可以向北京知识产权法院提出

诉讼。

我想到今后可能要受一块坏死断骨的持续折磨，再想到别人断了骨都能愈合，自己却没有长上，觉得自己运气真差，很是伤心沮丧。但伤痛还得治疗，于是厚着脸皮，打扰了一位很久不联系的骨科医生朋友，向他咨询。他的建议是，以目前的状况，断骨长回去的可能性几乎没有了，但可以选择手术取出断骨，一了百了。

你想到以后自己的商标可能永远不能注册了，且继续使用还存在侵权的风险，再想到别人的案子都赢了，自己的官司却打输了，觉得自己真是败运，十分难过、气愤。但事业还得继续。你到处托人，终于找到一位资深的专业人士。他的建议是，以现在的证据，案件赢的可能性几乎没有，你可以选择放弃目前的商标，另选一个商标使用。

虽然首都医科大学宣武医院作为三甲医院，已经相当靠谱了，朋友也出于友情坦诚相告，但我还是抱着一丝希望又去了专业的骨科医院北京积水潭医院。给我看病的是位头发花白的老医生，他对我说："伤筋动骨一百天，现在肿疼都是正常的。这块骨头长不回去，也不影响你正常活动，再说其实也还是有可能长回去的。"我刚想多问几句，他指指自己的头发说："相信我吧，我头发都这么白了，这点病不会看错的。我后面还有一堆病人呢。"我只好闭嘴，起身默默离开。

虽然商标评审委员会作为专业的评审机构，已经相当公正和专业了，资深人士的分析也中肯合理，你还是选择向法院起诉。法院开庭审理此案，你终于在当庭面对面的质证和辩论中明白，案件中查明的事实与你自己认为的事实是不一样的。你认为人家抢注了你的商标，但你提交的证据不能证明这一点。你努力想为自己辩解，但商标评审委员会每年要审理十多万件商标案件，足够专业，而且高高端坐在审判台上、穿着法袍的法官怎么看都感觉足够权威，再说二审法院的判决因其为终审，本身就代表着正确。

我反复寻找断骨没能接上的原因：是我自己没有保持好静止不动的要求？是医生的治疗不当，比如支具固定得不好？是我年龄大了，断骨愈合本身就很困难？

你来回琢磨为什么案件没有赢：是你提交的证据不够完善、证明力不够？是审理人员自由裁量权的偏差？ 是创业时考虑不周，选择了与人家的注册商标近似的商标，而导致这本身就是一场赢不了的官司？

虽然我和你一样，从情感上更愿选择第二个原因，把责任推给别人，但事实上真的更有可能是第一个和第三个原因。

然后我想，假如当初我小心点，不受伤就好了。

然后你想，假如当初及时注册了商标，或者查询得更细致些，选择的商标与他人的商标不一样就好了。

然而没有假如。

我只能努力劝慰自己接受事实：从来没有人能保证每块断骨都能够完美愈合。然后我拖着断骨，继续我的生活，比如，接着写商标普法文章。

你不得不勉强自己接受失败：从来没有人能保证每件商标都会被依法宣告无效。你只能带着输了官司的挫折，继续你的事业，但是，你还敢继续用你的商标吗？

细想想这真是有趣：世间万事的因果与发展历程如此接近，即便是骨折和注册商标。

再想想这真是无聊：如此简单的常识根本无须多言，总有愈合不了的伤口和赢不了的官司。

无论有趣或无聊，其实我只是想告诉我也告诉你：这都是生活的常态，接受吧。

我不可能因为一次骨折未愈，就不再相信医生。对于病痛来说，医生永远是最有能力也最值得信任的唯一依靠。这不，我已经预约了明天去医院看眼睛，眼睛不适已经两个月了，再耽误，恐怕真的严重了。

你也不能因为一次案件没赢，就不再相信商标评审委员会。对于商标确权案件来说，商标评审委员会依然是最专业也是最值得信任的机构，也是你唯一的选择。如果需要对另一件商标提起无效宣告申请，还是尽早吧。商标注册满五年，你可能就真的再也没有打赢官司的可能了。

写完这些文字，似乎真的安慰了自己，虽然脚趾依然肿着。

72

商标评审委员会官网，你的好伙伴

三年前开始写普法文章的时候，我一点也没有想到会有一天，商标局的大领导在主持会议时对我说："张老师有什么建议？"

听到过去喊我名字的同事称呼我为"张老师"，一下子还是有点说不出的别扭。尽管这两年我已经慢慢习惯了公众号后台留言里读者对我的称呼——"老师"，但成为同事嘴里的"张老师"，还是让我深刻意识到我的生活发生了变化。

我知道"老师"是个万能称呼，也告诉正在实习的儿子，在单位不知道怎么称呼对方时，就喊老师。我感慨的是，人的一生真是不可预料，走着走着就成了一个新的自己。

我写了一篇又一篇文章后，终于把自己写成了彻底的“张老师”。2月6日下午，我和其他十几家微信公众号运营方代表一起，坐在我熟悉的会议室里，参加商标局组织的商标改革宣传工作座谈会。看着面前的桌牌“张月梅的商标文”，我想，做个写文章的“张老师”也不错。

选择走上普法的道路有着各种机缘：自己喜欢写，传播有渠道，社会有需求。有需求这一点是让我坚持下来的主要原因。信息爆炸的网络时代，真话传播的力度如果不够，谣言的毁灭性能量就会成倍增长。这些年被谣言困扰的不仅有使用商标的企业、从事商标业务的代理人，也包括在商标大楼里审理案件的审查员。

作为曾经在商标大楼里工作了好多年的人，我了解商标局和商标评审委员会的审查员们付出的努力和心血，理解他们身处的困境和面对的难题，懂得他们承受的委屈和无奈，但是，不管怎样，大家真的一直在努力。

我以前的同事小樊，2017年代表商标评审委员会在法院出庭800多次。我想她大概也算得上一年里出庭最多的人了。就算是执业律师，一年出庭超过800次的人数应该也不算多。

一件商标案对于审查员来说，只是众多案件中的一件，但对于当事人来说，有可能是决定他事业和生活的最重要的一件。所以审慎地对待每个案件，力求审理结果合法、合理、合情，是每位审查员的终极理想。审慎需要时间，而中国商标大楼里的审查员却没有时间。

因为眼下的现实是大量令人叹息的恶劣行为：缺乏道德底线的商标抢注，利用法律漏洞投机的商标囤积，出于商业竞争目的而提起的商标案件，为骗取政府补贴而申请的无用商标注册，为防止抢注而大量注册的防御性商标……这些行为造成了匪夷所思的商标行政案件审理的现状：一名审查员一年要审理上千件商标异议案件或商标评审案件。

审查员不是神仙，一天也只有 24 小时，还要吃饭、睡觉、带孩子。我自己在审案与写作不能兼顾的时候，选择离开审查岗位专心普法。这行为很个人化，但宣传绝不是个人的事情。真理和知识只有被接受和知晓了，才可能以智慧的方式回报社会。

宣传的力量是巨大的，只有更多的正面宣传才可能减少谣言的传播。这次座谈会也显示出商标局在加强商标改革宣传方面的努力。事实上，这两年商标局和商标评审委员会一直在官网上做着各种宣传，及时公告最新审查审理动态，解释最新法律法规的理解与适用，解答近期大家关注的热点问题，商标评审委员会甚至主动公开了全部的评审裁文。

仅从 2018 年 1 月 30 日到 2018 年 2 月 7 日，商标局官网上就发布了《关于延长商标网上申请系统开放时间的公告》《关于进一步提高商标数字证书申请便利化的公告》《关于开展商标文件电子发文试点的公告》《关于领取律师事务所“商标数字证书”的通知》四份公告或通知，而商标评审委员会曾在某一天公开了 1640 件评审文书，这些文书的完成时间是 2017 年 12 月 29 日。

所以，我在这里认真地建议每位商标使用人、商标从业者，包括喜欢“张月梅的商标文”的朋友们，首选商标局和商标评审委员会的官网去了解商标知识。文字总是有态度的。商标局和商标评审委员会的官网代表的就是官方的态度。官方的态度必然是严肃的、负责任的和值得信任的，使用“法言法语”也是正常的。

没有人是没有立场的，我的文字只是代表了我的态度，是个人化的。我当然希望更多的人喜欢我，我也会以真诚的态度，用浅显易懂的表达方式，继续努力传播我所相信的法律知识和观念。

73

“腾讯图形商标撤三”新闻之我见

“企鹅图形商标不再完全属于腾讯了”的新闻在我的朋友圈刷了一天屏。我读后不由地长叹一声。

从一个商标人的角度来看这篇新闻，内容算不得新，评论存在错误，案例实在久远，逻辑难以理解。写作者似乎既不懂商标专业，也缺乏新闻职业要求的报道客观事实的素养。借着腾讯的大名，虽然吸引了眼球，可惜不正确的观念也传播出去了。

首先标题就不准确，什么叫“企鹅图形商标不再完全属于腾讯了”？以企鹅为图形注册的商标非常之多，注册人也很多，企鹅图形商标从来也没有完全属于腾讯。腾讯公司的企鹅图形商标，因其设计独特和广泛宣传使用，已经和腾讯公司建立了紧密对应关系，这条新闻中所指的第1956795号企鹅图形商标，也依然是注册商标，依然属于腾讯。

因为这件商标注册在广告、商业管理咨询(顾问)、商业专业咨询、商业信息、推销(替他人)、职业介绍所、计算机文档管理、计算机数据库信息系统化、计算机录入服务、会计共10项服务上，而该案中仅撤销了在广告、商业管理咨询（顾问)、商业专业咨询、商业信息、推销（替他人)、会计这6项服务上的注册。该商标在职业介绍所、计算机文档管理、计算机数据库信息系统化、计算机录入服务等4项服务上的注册依然有效。准确地说，被撤销的不是该商标，而是该商标在上述6项服务上的注册。

这则新闻也试图说明这个问题，“被撤销的商标仅限于上述范围，其他注册领域腾讯依然享有商标使用权”。可惜这里的用词还是错误的，腾讯享有的是商标专用权；至于使用，未注册商标也可以使用。

该新闻引用商标评审委员会决定书的部分就不说了，没有错误也是应该的。可是决定书之后的一段表述，就让我着实担心了。新闻中是这样说的：“事实上，商标经过注册后，权利人并不是在任何情况下都享有专有权的，在一定情况下会被剥夺。《商标法》第四十四条规定，连续三年停止使用的，由商标局责令其限期改正或者撤销其注册商标。”

这里所指的《商标法》中的相关条款是是指2013年修改前的《商标法》，而已经实行的《商标法》（2013年修正）第四十九条关于三年不使用撤销是这样规定的：“注册商标成为其核定使用的商品的通用名称或者没有正当理由连续三年不使用的，任何单位或者个人可以向商标局申请撤销该注册商标。”新法取消了“商标局责令限期改正”这一规定。

虽然不能要求写新闻的人懂得《商标法》，但在发出文章前咨询一下专业人士，把法条搞清楚，把内容说准确，传播正在施行的相关法律法规总是应该的吧。

该新闻还举了另一个例子：“类似腾讯企鹅商标被撤销的例子不在少数。2012年，中国一家公司所持有的日本漫画人物‘蜡笔小新’商标，由于商标连续三年处于休眠未使用状态，被商评委裁定撤销。”这案例发生的时间可真够久远的，似乎从那以后商标评审委员会就再没有撤销过其他注册商标。事实是从2012年到现在，商标评审委员会审理了上万件商标三年不使用撤销案件，每个工作日都至少有一件商标注册被撤销。商标局撤销的商标注册数量更加多。

在商标人眼里，注册商标由于没有正当理由连续三年不使用而被撤销是一件太过常见的事情。我自己就审理过若干件这样的案件，也撤销过不少商标的注册。就算在新闻人眼里，商标撤销三年不使用案件确实是件新鲜事，但只要稍微在商标评审委员会网站上翻看一下公开裁文，就能找到最新案例，何至于要用个几年前的例子呢？大公司动辄注册几千上万件商标，怎么可能用得过来，时不时被撤销几件也属正常。

至于该新闻的最后一段："随着国家在战略层面上对知识产权的重视，以及竞争意识和市场推广等各种综合因素的影响，大家的商标保护意识普遍增强，'撤三'也开始逐年递增，慢慢进入大众视野。"我真是不懂这个逻辑，商标保护意识增强是如何直接导致"撤三"案件逐年递增的，这两者间似乎跳跃度也太大了点。我知道的事实是，因为新申请商标难以获准注册，只好申请撤销在先相同近似的注册商标，才导致"撤三"案件增加。不过，商标"撤三"问题自此开始进入大众视野倒是真的。从这一点上讲，这篇新闻总算还有一点作用。

虽然这些年已经见过N多篇把商标知识误读、误传的新闻，包括把商标审查周期错报成商标注册周期的新闻，但是每一次读到都让我心中难受。商标作为品牌的法律保障，其实事关每个品牌建设者，其利害关系人可谓数以亿计。这种缺乏准确性的新闻的广泛传播，不知会对这些人产生怎样的影响。

我能对自己说的大概就是继续写普法文章，多影响一个算一个。

可是我的力量实在是小啊。不免叹息。

74

品牌要续命，就先去续展

移动互联网时代，人们最大的体会是：世界上最远的距离是我坐在你对面，你却在看手机。创设品牌的人最大的悲哀是：商标使用了十几年，却没有去续展。

看手机和续展商标的区别在于，只要放下手机，就能看见对面的人，而一旦失去续展机会，商标再注册就成了天大的难事。

你忘了去商标局申请续展商标，别人可能会抓住这个机会申请同样的商标。你忘记了“山寨族”一直在找机会让自己“转正”，所以，你的商标一失效，人家的机会就来了。

要知道，商标续展是依申请而发生的，商标局既不会直接续展，也不会主动通知商标十年专用期满了。续展这事儿，只有商标所有人自己惦记着。这也合理，商标权毕竟是私权，私权当然是所有人全权处理，不申请续展也是当事人的权利。

只是按正常情理，商标不续展应该只有两种情形：一是公司黄了，二是自然人亡了。但即便是这两种情形，也不代表商标必然要跟着消亡，商标权是可以转让和继承的。所以，真正让商标彻底死亡的常常只有一个原因：忘了！出于各种原因忘了！

那么，发现商标因未续展失效后的第一件事应该做什么呢？当然是立刻重新去申请。如果顺利注册了，那算运气好。如果在你的在先商标失效后已经有别的商标被初步审定或注册，导致你在后申请的商标被驳回，就一定要申请驳回复审，同时努力采取法律措施“打掉”挡路的引证商标。

这里要特别指出的是，一定要在驳回复审案中声明等待请求，否则在审理期限的压力下，商标评审委员会很可能不等引证商标失效就继续驳回了。

至于怎样才能“打掉”挡路的引证商标，当然还是要用老办法，如已初步审定就提出异议申请，如已经注册就提出无效宣告申请，注册时间足够长也可以提三年不使用撤销。只是你一定要做好打一串官司的准备。人家好不容易瞅个空子让商标进来了，怎会轻易退出?

下面举例说明。

沈阳潜水电泵股份有限公司（以下简称“沈阳公司”）成立于 1997 年 8 月 25 日，1998 年受让了参股国营企业沈阳潜水泵厂的第 183930 号“沈潜及图”商标，并作为企业的唯一商标一直使用。第 183930 号“沈潜及图”商标指定使用在第 7 类潜水电泵商品上，于 1983 年 7 月 5 日获准注册，续展后有效期至 2003 年 7 月 4 日，后因期满未续展被注销。

沈阳井用潜水泵厂（以下简称“井用厂”）在泵（机器）、离心泵等商品上申请了第 6367397 号“沈潜”商标，初步审定公告后，沈阳公司提出异议，商标局裁定异议不成立，沈阳公司向商标评审委员会提出异议复审申请。

复审中，沈阳公司称其在先的“沈潜及图”商标因企业改制等原因没有续展，但被异议商标“沈潜”与其在先使用的商标汉字部分完全相同，系对其知名商标的恶意抢注。而井用厂的答辩理由则主要强调第 183930 号“沈潜及图”商标已被注销，被异议商标与之不存在权利冲突；其申请注册“沈潜”商标完全是出于对自己产品的独特策划，主观无恶意。

当然，理由需要证据支持。沈阳公司向商标评审委员会提交了第 183930 号“沈潜及图”商标注册资料；公司领导班子不断调整的证明文件；“沈潜及图”

商标2004–2007年获得的各种荣誉证明、广告宣传情况、销售发票、客户证明、获奖证明、出口报关单等。

商标评审委员会经审理查明：沈阳公司“沈潜”牌系列潜水电泵在2004-2007年间销售至北京、内蒙古赤峰等地区，并于2002年9月被沈阳市人民政府授予“沈阳名牌”称号，于2003年和2006年两次被辽宁省质量技术监督局、辽宁省名牌战略推进委员会授予“辽宁名牌产品”称号，于2005年荣获“中央电视台2005年度中国泵业上榜品牌”荣誉称号。

商标评审委员会最后的裁定认为，鉴于沈阳公司第183930号“沈潜及图”商标已因期满未续展被注销，其可作为未注册商标予以保护。沈阳公司提交的证据可以证明其“沈潜及图”商标在被异议商标注册申请日前已具有一定知名度。被异议商标与沈阳公司在先使用之“沈潜”商标完全相同，被异议商标指定使用的泵（机器）等商品与沈阳公司商标在先使用之潜水电泵等商品属于类似商品。且两公司同处沈阳市，作为同行业者，井用厂应当知晓沈阳公司之商标，其在上述类似商品上申请注册被异议商标的行为已构成《商标法》（注：此处指2001年修正版）第三十一条所指“以不正当手段抢先注册他人已经使用并有一定影响的商标”之情形。据此，裁定被异议商标不予核准注册。

就本案而言，井用厂未提出诉讼，但是对沈阳公司于2009年重新提出申请的“沈潜”商标提出了异议，且于2011年再次申请“沈潜”商标。一句话，两家企业的纷争远未结束。

虽然法律给予诚信使用商标的人恰当的救济途径，但这条路走起来比续展要曲折麻烦得多。所以一定要记着自己商标的十年生日，并以到商标局申请续展的方式庆祝。

一个商标使用了十年，基本已经成为有一定声誉的品牌。每个创业者在不断提升品牌声誉的同时，更须牢记要保护品牌的生命！

75

这些证据都不能证明你的商标可用

“五一”期间，我弟弟从呼和浩特市来京时，给我带来了内蒙古特产牛肉干。

我不爱吃牛肉干，正巧我朋友的小女儿爱吃，就给了她。小姑娘慢慢吃了大半袋，剩下最后几块时，终于对她妈妈说：“这个牛肉干怎么这么软呢？”我拿过来看了看包装上的小字，配料一栏赫然写着“鸭肉”，又仔细地检查了整个包装袋，没有一个地方写着牛肉干。

凭着一般性的认知，牛肉干是内蒙古特产，于是我们就把写着“内蒙古特产”的肉想当然地当作牛肉，殊不知还会有鸭肉。

依着日常经营习惯，商标通常这么使用，但到了关键时候，你会发现常见的用法完全不能证明你的商标使用了。

比如下面这件商标案。产品挂牌、宣传条幅、店堂照片、产品照片、宣传画及标贴特写照片、广告合同及发票、制作费发票等证据，统统没能证明其商标进行了真实有效的使用。

此案的第1348055号商标是：

该商标由杭州下城区立波皮具商店于1998年9月28日向商标局提出注册申请，于1999年12月28日获准注册，2012年5月9日转让至杭州无印良品服饰有限公司名下，核定使用商品为第18类的钱包、帆布背包、手提包、公文包、伞等。

2008年，株式会社良品计画向商标局提出了撤销申请，理由是该商标在2005年11月18日至2008年11月17日间（以下称“指定期间”）连续三年未使用。

在撤销三年不使用案件中，最重要的就是商标权人提交证据证明自己的商标进行了使用。本案中，杭州无印良品服饰有限公司提供了很多证据，可是依然没能证明其商标在2005年11月18日至2008年11月17日期间在核定的书包等商品上进行了真实有效的使用。

本案中，杭州无印良品公司提供的绝大部分店面照片、店铺陈列照片、产品实物照片、挂牌照片均未显示形成时间，不能证明诉争商标在指定期间内的使用情况。

为什么呢？一起看看北京市高级人民法院的判决是怎么说的。

“杭州无印良品公司提供的加工订单、汇款凭证、布料订购合同等，多为自制证据，证明力较弱，且未显示诉争商标。

“杭州无印良品公司提供的淘宝网销售记录及淘宝网动态评价等，由于销售店铺的开设时间晚于指定期间，故不能证明诉争商标在指定期间内的使用情况。

“杭州无印良品公司提供的相关报纸报道时间不在指定期间内，报纸刊登的招聘广告未显示诉争商标。

“杭州无印良品公司提供的显示拍摄时间为2007年2月17日的店铺照片，显示店铺名称为‘无印良品’，店铺内招牌亦为‘无印良品’，并未显示诉争商标的使用情况。

“杭州无印良品公司在原审诉讼中提供的证人证言，由于系其员工佐证，证明力较弱，在无其他证据予以佐证的情况下，难以确定其证言的真实性。

“因此,综合杭州无印良品公司提供的全部在案证据,难以形成完整证据链,以证明诉争商标在指定期间内在核定使用的商品上进行了真实、合法、有效的使用。商标评审委员会和原审法院对此认定正确。”

本案商标被撤销了，大概没什么人觉得可惜。毕竟在我们大多数人的心目中,无印良品应该是个日本品牌。如果杭州无印良品公司真的在使用这个商标，估计我也会像看到“内蒙古特产”几个字就以为是牛肉干一样，看到“无印良品”就以为是日本货，完全忽略了这是杭州的公司生产的。

那个把鸭肉当内蒙古特产的聪明过头的不良商家，让我们自己骗了自己一把。但下一次再买、再送，我就会多一个心眼，仔细找出“牛肉干”三个字。

我也希望，每个诚信的商标权利人在签合同、写发票、做宣传时，能够多一个心眼，尽可能显示出自己的商标、商品、时间等等，以确保在需要时可以拿出有力的证据，证明你的商标确实使用了。

76

一路走来一路谈

说实话，写商标文的乐趣越来越少了，因为越来越写不出来。

凡事大抵如此。只作为有一搭没一搭的爱好做时，真的是一种乐趣。一旦成为每周都要做的任务，就成了一份负担。

特别是站在新一年的开端，预想了一下这一年的人生，我突然有点为自己的智力和体力着急。

胜任工作变得越来越不容易。过去的一年，商标评审委员会审结了12.49万件商标案，新收案件15.3万件。闭着眼睛想一想也知道，今年这个数字只会增加。一想到这些数字，我就感到疲惫。我干得不比别人多，所以将心比心地理解同事们的辛苦和心情。

六个审理处加起来共四十多人负责合议、签发案件，受理处十来个人完成全部受理工作的同时，还得接受各种咨询和质问。作为服务窗口，不仅要对事还要直接见人，而抚慰人的情绪永远是让人备受考验的事。法务处更可怜，一共才四个人，处理完成各种法律事务的同时审结行政复议案970多件，还给大家奉献了两万多字的败诉案件分析。这个全部由山东女性组成的集体，绝对集中体现了商标评审委员会的特点：巾帼不让须眉。综合处的繁忙没法体现在准确的数字上，反正他们总处于缺人手的状态。我年轻时也干了十年行政事务性工作，尝够了加急处理各种“意想不到”和“马上就要”的滋味。至于领导，当然只能更忙。义不容辞地解决各种疑难杂案，还得开各种会。仅一个《商标审查及审理标准》就讨论了无数次，不止一个人得了腰椎病。何况在这创新的时代，各种改革也都要在会上解决。好在领导大都对本职工作超级热爱，忙并快乐着。

我最感谢的是二百多名辅助审查员的辛勤付出。是他们毫无怨言的加班和8000多次的法院应诉，才撑起了商标评审工作的正常运转。

巨大的案件数量不仅考验体力，对智力的要求更加严苛，我们必须在尽可能短的时间内迅速对事实、法律、结论做出判断。但无论想或不想，思考和讨论总在那里，有增无减。这真让我不安，以我现在每况愈下的智商来看，真心觉得每件案子都很难，甚至有时看着眼前凝结着他人心血的证据，都感到有气无力。

一次做审查时，我看到这样一份《商标使用许可协议》，上面第一条写道：“甲方将已在国家工商总局注册登记的12类商标 ×× 商品：车辆刹车垫、车辆减震器、后视镜（车辆用）、车辆防盗设备、风挡刮水器、汽车用遮阳帘、车辆转向信号灯、车辆倒退警报器、汽车两侧脚踏板、车辆座套，许可乙方使用在其门市和生产的产品及包装上。”同时还收到了没有分开的四联出库单。

合议时，主办审查员提出不解：“为什么一家公司会同时生产车灯、车镜、防盗设备和遮阳帘等不同的产品？为什么一家公司的四联出库单全部提交上来了，还一连六份都如此？既然出库单都不拆分开由不同的人留存，要四联干什么？”

我认为这是一个理性的人的正常思维，可审查员不能是正常人，审查员必须在充分证据证明下，才能对某份证据的真实性不予确认。

作为活了半辈子、经手了上万件商标案件的审查员，我见过了太多出人意料和不同寻常，还真不敢保证没有一家工厂同时生产镜子、灯、帘子，也不能确定没有人把四联单据当作一联用。我知道这世上多的是我不知道的事。所以就算心里有120个疑问，也不敢轻意否认这两份证据的真实性。

主办审查员心有不甘：“这种证据实在是——”

我知道她想说什么，但还是劝她，有些人的困难，照顾一下就好，不要说出来了。

我把一份判决拿给她，建议她好好学习其中两段：

“根据2001年商标法第四十四条第（四）项规定，连续三年停止使用注册商标的，由商标局撤销其注册商标。商标的使用是指商标的商业使用，包括将商标用于商品、商品包装或者容器，以及商品交易文书上，或者将商标用于广告、展览，以及其他商业活动中。商标的使用不仅要公开、真实、合法，还应该与特定商品、服务相联系并且必须发生在商业活动中，以使商标起到区分商品、服务来源的作用。

“×× 应当提交证据证明诉争商标在2010年9月11日至2013年9月10日期间是否在核定使用的商品上进行了商业使用。在其评审阶段提交的证据中，证据1虽然可以证明 ×× 许可J公司使用诉争商标，但仅有商标授权许可使用的证据，尚不足以证明诉争商标在争议商品上公开、真实、合法的使用。证据2的增值税发票上显示的商品并非诉争商标核定使用的商品。证据3的图片虽然显示产品上有诉争商标的标识，但无法证明使用的时间。×× 在一审诉讼过程中提交了证据，其中补充证据1～3均为J公司于2012年4月11日向D公司销售货物的证据，合同和发票能够证明该销售行为实际发生，但由于合同和发票上均无货物名称，仅凭J公司单方盖章的销售清单并不能证明销售的货物为争议的商品，且上述证据1～3均未显示与诉争商标标识的关联性。因此，×× 在本案中提交的证据不能形成完整有效的证据链，证明诉争商标在2010年9月11日至2013年9月10日期间进行了公开、真实、合法的使用。原审判决诉争商标的注册构成……”

我不了解这件案子，不知道写这个判决时法官是怎么想的，只能从字面意思理解。

几天前一位没见过面的知识产权人在微信里对我说：“我还给你的书提出过书名的建议呢，平时做这些事可都是要钱的。”

我相信他的话。因为我知道，知识产权律师收费都很贵嘛！

所以，我郑重地对一年来为“张月梅的商标文”公众号提建议、留言、转发、点赞、赞赏的各位道声感谢！占用了大家宝贵的时间，荣幸之至！写商标文确实让我的生活更加充实，时不时还能体会到一种因创作和有用而带来的意义，外加由此认识了那么多新朋友，得到了那么多鼓励和关心，感受到了那么多暖意！

77

郑渊洁老师，商标局从来不“收回”商标

周四晚上，有朋友问我：“商标三年不使用的话，商标局就可以收回吗？”我第一次听到“收回”这样的表述，但基于这位朋友不是法律工作者，倒也没有吃惊，只是解释了下《商标法》关于三年不使用的规定。

周五，郑渊洁老师的演讲《原创七宗罪》以刷屏的方式在我的朋友圈里反复出现。对于从小就想当作家的我来说，郑老师一直是我学习的楷模，我立刻拜读，然后就知道了这“收回”的出处。

郑老师在演讲中说，商标“不使用还不行，三年不使用商标局就可以收回”。作为童话作家，也许他这么表述仅仅是想要使之听起来通俗易懂。但是，这么表述真的不准确，因为不存在“收回”商标一说。

商标局只是依法做确权授权工作，并不把商标据为己有，所以既不存在“送出”的行为，也不需要做出“收回”的决定。

《商标法》第四十九条第二款规定：“注册商标成为其核定使用的商品的通用名称或者没有正当理由连续三年不使用的，任何单位或者个人可以向商标局申请撤销该注册商标。”

《商标法实施条例》第六十六条第一款规定：“有《商标法》第四十九条规定的注册商标无正当理由连续三年不使用情形的，任何单位或者个人可以向商标局申请撤销该注册商标，提交申请时应当说明有关情况。商标局受理后应当

通知商标注册人，限其自收到通知之日起2个月内提交该商标在撤销申请提出前使用的证据材料或者说明不使用的正当理由；期满未提供使用的证据材料或者证据材料无效并没有正当理由的，由商标局撤销其注册商标。”

所以，法条说得很清楚，是撤销，不是收回。这区别还是很大的，相信就算不做法律工作，文字功底那么强的郑老师应该也是明白的。

为什么会有这么一条规定？我再引用一下最高人民法院某案判决书中的一段来说明：“《商标法》撤销不使用商标的目的不是为了惩罚商标权人，而是为了促使商标权人实际使用商标，发挥商标的实际效用，防止商标资源浪费。”

所以“撤三”规定的本意，并不是督促作家们把自己创造的虚拟人物名字都注册为商标，并进行使用，目的仅仅是防止商标资源的浪费。

其实让郑老师如此心痛的根源也不是“撤三”规定，而是很多人大量抢注商标的行为，是他为了确保“皮皮鲁”这个名字产生的一切权益都能归于自己，而不得不注册大量商标的无奈。

我完全理解郑老师的心情。我也是写作者，也许以后也会写童话，就算不写童话，也可能会写小说，我也希望我创造的虚拟人物名字带来的权益统统归我。

但虚拟人物名字甚至都不具备法定的权利，虚拟人物名字的保护并不是一个简单的问题，涉及复杂的法律、道德、利益等现实因素。

虽然我很希望作为名人的郑老师说得更专业一点，但要求非法律从业者准确使用法律词汇，要求确实太高了。不过借机给商标注册人提个醒倒也不错：商标三年不使用有可能被商标局撤销。

而且，不管商标局做出维持还是撤销商标的决定，当事人都可以选择到商标评审委员会复审；不管商标评审委员会做出维持还是撤销注册的决定，当事人都可以选择去法院诉讼。所以，撤销连续三年不使用这一条款的使用其实是相当谨慎的。

78

王老吉与加多宝的爱恨情仇

2018 年 7 月 26 日，在参加广东省知识产权服务“地市行”珠三角站暨知识产权金融对接活动中，我聆听了华为高级副总裁宋柳平先生的演讲。宋先生指出，知识产权保护中的一个难点是法院侵权判赔数目太低，专利的平均赔偿额仅为 8 万元人民币，并据此强烈呼吁加大惩罚性赔偿。

不知道宋先生演讲时，是否已得知广东省高级人民法院关于王老吉商标侵权纠纷案件的一审判决。广东省高级人民法院判决广东加多宝饮料食品有限公司等六家公司赔偿广药集团（即广州医药集团有限公司）经济损失及合理维权费用共计 14.4 亿元人民币。

没有人会愿意乖乖地赔给别人 14 亿多元，加多宝集团向最高人民法院提出上诉。最高人民法院终审驳回了加多宝集团的诉求。

王老吉和加多宝的多个官司的根源是商标使用许可合同。双方的商标使用许可合同签订过程和后期纷争相当复杂，打过若干官司。本案争议焦点之一依然是，2010 年 5 月 2 日至 2012 年 5 月 19 日期间，加多宝使用“王老吉”商标是否得到许可，是否构成侵权。一审判决认为未得到许可，侵权成立。但本文重点是商标使用许可这件事本身，并不是“王老吉”商标纠纷案，因此就不详细介绍了。

《商标法》规定，商标注册人可以通过签订商标使用许可合同，许可他人使用其注册商标。这条规定本质上就是把属于自己的东西租给别人用。租金协商决定，可以免费，也可以很贵；租期协商决定，到期可以续约，也可以不续，看起来和把房子租给别人住没太大区别。

通常情况下，承租人对房子的使用并不会使房子的价值无限倍增长，就算承租人对房子进行了豪华装修，贴金镶钻，到租期结束，能带走的也都可以带走，如果由于承租人的原因，房子被损坏了，承租人还得赔偿。总之，出租人只是收回原来的房子，价值的变化不大。

但是商标不一样，被许可人的使用和推广可能会使一件默默无闻、价值不高的商标，变成商誉极高的知名品牌，价值大增，许可期结束，这些商誉和价值也一样随着商标归于许可人。看起来商标许可人赚大发了，就如租出去一间茅草屋，收回来一幢大别墅。

不过，也有相反的情况。有一些公司创建的品牌已有良好的商誉，却将商标随意许可他人使用，又没做好质量监督，最后品牌声誉受损，价值下降。而消灭品牌的一个方式还可以是付高价拿到商标独占许可使用权，然后束之高阁，不再使用，让这个品牌在市场上消失。此时，对于商标许可人来说，就可能是租出去一栋楼，收回来一堆砖。

商标使用许可是一种商业行为，每一件被许可的商标也是由于其自有商业价值才被选中的。一家企业不去使用自己注册的商标，而选择通过商标使用许可的方式用别人家的商标，从来不是无缘无故的。所以商标使用许可合同的签订，是建立在双方自愿的基础上的，后果当然也要各自承担。这一点是许可人和被许可人都必须清楚的。

从商标成长为品牌，往往凝结着使用人的心血和智慧，所以合同期满后，被许可人归还商标时多少有点心有不甘。就如把当初抱回来的两岁孩子精心养育成二十岁的帅小伙，却必须还给孩子亲妈，而且和你永远划清界限。只是痛也白痛，因为抱回来时，你就知道孩子是人家的，找亲妈是早晚的事，如果想彻底将孩子变成自己的，就需要办理正式的领养手续。许可使用的商标也是人家的，如果想让商标成为自己的，就需要办理转让手续。

我相信这世上真有善心人养育别人家孩子只是为了让孩子健康成长，可以不计得失，也相信没有人付钱使用别人家的商标，只是为了把商标做成品牌，完全不想赚钱。赚钱从来不容易，但侵权的方式绝不可取，付出代价也是必然。

“王老吉”商标侵权案的 14.4 亿赔偿数额很高，但如果在商标使用许可问题上，签订合同不严谨，履约态度不端正，以后的侵权赔偿额只会更高。虽说作为知识产权从业者，我坚决支持宋柳平先生提高赔偿金额的建议，但我也希望不要因为商标使用许可的问题，见到更多类似“王老吉”商标纠纷这样的案件。

79

维权 ABC：保存使用证据

这个“五一”劳动节，因脚趾受伤行走不便，我几乎或躺或坐地度过，唯一算得上劳动的，就是写下这些文字了。

劳动不仅光荣，关键时还可以保护自己的正当权利。

比如及时保存商标使用证据的劳动。在很多商标确权案件中，商标在先使用、有一定影响或者已成为驰名商标，甚至已经起到商标作用的事实，都必须用证据来证明。没有证据证明的事实，很多法条就根本没有适用的基础。

证据永远是赢得官司的关键因素之一。以下面这起案件为例。

商标“ABC”的申请日为2006年6月23日，核定使用的服务为第41类学校(教育)、培训、幼儿园、教育信息、讲课、教学等，注册人是自然人刘成，系北京市丰台区ABC外语培训学校校长。麦奇教育集团于2012年10月10日向商标评审委员会提出撤销该商标的申请，其主要理由之一是该商标在教育培训行业已退化为通用名称，仅直接表示了服务的内容特点。

商标评审委员会没有支持麦奇教育集团的理由,维持了“ABC”商标的注册。麦奇教育集团不服裁定，向北京知识产权法院提起诉讼，败诉后，向北京市高级人民法院提起上诉。

北京市高级人民法院经审理认为，2001年《商标法》第十一条第一款规定，下列标志不得作为商标注册:(一)仅有本商品的通用名称、图形、型号的;(二)仅仅直接表示商品的质量、主要原料、功能、用途、重量、数量及其他特点的;(三)缺乏显著特征的。前款所列标志经过使用取得显著特征，并便于识别的，可以作为商标注册。

虽然诉争商标仅由标准字体“ABC”构成，且在案证据能够证明“ABC”本身具有“初步、入门、基础知识”的含义,对于核定服务而言缺乏固有显著性，但刘成提交的北京市丰台区ABC外语培训学校的广告宣传证据及其所获荣誉，能够证明其长期持续对外宣传“ABC外语学校”，使得“ABC”与北京市丰台区ABC外语培训学校形成对应关系，相关公众能够通过“ABC”联系到北京市丰台区ABC外语培训学校所提供的培训服务，诉争商标经过使用取得了标示服务来源的显著性，原审法院有关诉争商标具有显著性的认定并无不当。

需要说明的是，本案中麦奇教育集团也提交了足够多的证据，可以证明“ABC”本身具有“初步、入门、基础知识”的含义。只是刘成提交的证据能够证明“ABC”商标经过使用取得了标示服务来源的显著性。

这份终审判决完全可以说明，打赢官司，靠的是证据！

我不知道保存使用证据对于企业来讲，到底是一件多困难的事，反正在案件中，常常有当事人说得合情合理，但就是提交不出有效证据来证明。

口说无凭，就算审查员觉得你说的十有八九是真的，可因为差了那一两份证据，只能选择不相信、不支持。那种硬起心肠做决定的感觉，真是对审查员的一种折磨。

其实对证据重要性的说明，“ABC”商标案不算最有力的，但我喜欢这个商标，因为有“基础知识”的含义，而保存证据，就是维护合法权利最基础的知识。

我想，人世间不管多么深奥的道理、多么复杂的事情，都要建立在基础常识之上。高精尖绝对重要，“ABC”也不可或缺。

80

你的席梦思，不是你的“席梦思”

关注到这个案件，我才知道自己多年前买的一张席梦思床垫并不是我所认识的席梦思。

席梦思是由美梦有限公司（以下简称“美梦公司”）的创始人 Zalmon G. Simmons 先生在 1870 年创立的美国传奇品牌，拥有超过 140 年的历史，是全球床垫领导品牌；美梦公司是全球众多著名五星级酒店的床垫和寝具供应商。美梦公司认为“席梦思 Simmons”无可置疑地是其公司的品牌，并且在床垫和寝具上知名。可惜中国大多数老百姓并不这么认为。我在百度上输入席梦思，跳出的常用搜索是“席梦思品牌排行”“席梦思床垫哪种好”。打开网页，现发问得相当多的一个问题是“棕垫好还是席梦思好”。

这些问题可以说明，在我们普通消费者心中，席梦思就是床垫的一种，我自己也从未怀疑过。

但仔细看完了“席梦思 Simmons”商标案，我真的相信美梦公司在最初确实是想把“席梦思”当作商标来用的。直到今天，其官方网站上依然声称“席梦思”为其商标。

只是对于美梦公司来说，理想是丰满的，现实是骨感的。无论其多么努力地强调“席梦思 Simmons”是其商标，依然不能阻挡这个称呼成为商品通用名称的脚步。

最终结果就是美梦公司申请注册在家具、床等商品上的“席梦思 Simmons”商标已被商标评审委员会依据《商标法》第十一条第一款第（一）项的规定驳回申请，且得到了两审法院的支持。其驳回理由为：

“席梦思”在中国大陆地区通常被相关公众理解为一类床垫的通用名称，而不能据此区分该类商品的特定来源。申请商标虽然由汉字“席梦思”、英文“Simmons”构成，但是“席梦思”仍是申请商标的主要识别部分，该识别部分以普通的文字形式表现，将其使用在床垫、弹簧床垫等商品上，仍容易被相关公众理解为床垫的一种，无法将其作为商标识别，难以起到区分商品来源的作用。

说实话，“席梦思”三个字用在床垫上真是寓意美好，无论是作为商标还是作为品种名称，这大概不是一拍脑袋就想出来的，而是凝聚了相当的智慧的。也因为其如此美好，才会被行业和消费者迅速接受，席梦思床垫很快在各个家具店售卖，顺利进入了寻常百姓家。

这对美梦公司来说真是一场悲剧。因为没有一家公司精心选择的名字只是为了给社会大众免费使用的。

现在该公司还在坚称汉字“席梦思”与英文“Simmons”对应。我很为他们着急,这会不会让“Simmons”也成了商品名称?毕竟现在很多人因各种原因,在商品名称上也愿意使用英文。

席梦思并不是唯一的从商标变成通用名称的标识,还有U盘移动存储器、莱卡布料、金骏眉红茶等等。

在这个创新的时代,新产品常常以情理之中、意料之外的形式出现在生活中,然后又以一夜成名的速度被人们认识,那么在首次亮相时强调一下其为商标总是重要的,如笨笨地标上“席梦思牌”床垫,并标上TM标识。

一旦相关公众接受其为商标,就可以省去“牌”字了,比如我们不会说小米牌手机,只说小米手机。当然更重要的,是在亮相前就去给自己申请注册商标。尽管注册本身根本挡不住其变成商品通用名称的可能,但作为注册商标,可以用提起侵权诉讼的方式来维护其商标的地位。

81

如何为你的商标自圆其说

有朋友在我的微信公众号上留言："张老师，请问一下，有人之前在第29类商品上分别注册了'大成'和'三眼泉',现在有客户要注册'大成三眼泉'，这个（注册）成功的尺度怎么把握呢？五个字的商标和三字或俩字的商标，能引起公众的混淆吗？"

我认为，在通常情形下"大成三眼泉"商标与"大成"商标及"三眼泉"商标并存使用在第29类商品上，消费者在隔离状态下施以一般注意力，可能会混淆商品的来源。但脱离了具体的商标案件谈三个字与五个字的混淆可能性，这个问题就变得难以回答。离开了每件商标的具体表现形式、所指定使用的具体商品或服务、商标的实际使用情形、商标所有人注册和使用商标的主观意图、相关公众的识别能力等众多因素，单独讨论三个字和五个字的区别，我觉得永远也讨论不出令人信服的结果来。

据说世界上没有完全相同的两片叶子。从我的工作经验来看，在两件商标并存使用是否可能导致消费者混淆的问题上，应该也没有完全相同的案件。因此，对于审理评审案件的人来说，仅熟记审理标准是远远不能做出最佳裁定的。每个案件总有其特殊之处需要特别考量。

举个极端却并不少见的例子。自然人苏某在水龙头等商品上申请注册了"牧典”商标和“九经”商标，九牧厨卫股份有限公司提出无效宣告申请，认为与其在先注册的高知名度商标“九牧”构成近似商标。

九牧厨卫股份有限公司提交了苏某“JOMOO Classics 九牧经典”卫浴产品被查处的处罚书和照片等证据。

两件案子是同时审理的。商评委认为，虽然“牧典”和“九经”两件商标与“九牧”商标文字构成存在一定差异，但九牧公司提交的证据可以证明“九牧”“JOMOO 九牧”商标使用在水龙头、浴室装置等商品上已具有一定的知名度。在商业活动中，苏某存在将“牧典”商标与“九经”商标合并使用的可能性，易使消费者将两者识别为“九牧经典”。最后认定，“九经”和“牧典”两件商标与“九牧”并存使用，易使消费者对商品来源产生混淆或者误认，已构成使用在类似商品上的近似商标，均予宣告无效。

如果单独就一件商标来考量，“牧典”“九经”和“九牧”的含义、读音均相差较远，这也是这两件商标能够核准注册的原因。但是综合考量全部事实，结论就完全不同了。

再举一个例子。某人分别申请注册如下两件图形商标：

分开来看确实每件商标都没有含义。但如果看到在先的引证商标：

民安

任何人一眼就能看明白是怎么一回事了。

审理标准是必须有的，是要遵守的，每一条标准后面“但是”的内容也是不可缺的，更是一定要考虑的。事实上，经过了在先商标的初步审查程序，商标评审委员会在审理案件时，几乎总是要更多考虑其特殊性。

个案原则，从来不是为了解释此案与彼案审理结果不同的借口，而是为了使此案和彼案都在以事实为依据、以法律为准绳的审理原则下，得到公正的裁定。这对审查员提出了相当高的要求。为了洞见每件案件的特别之处，审查员们都在努力炼成火眼金睛。

而对于当事人，在阐述自己的理由时，争辩三个字和五个字的区别真的不是很重要，重要的是讲请楚该案件的特别之处，越具体越有说服力。当然，要有证据支持。

82

“月半之子”和“胖子”之间隔着什么

两周前约好在《一刻 talks》录访谈节目时，我第一反应是一定要减肥 3 斤再上镜。然而，半个月过去了，我还是“月半”型。录节目时，体重一两也没少，镜头里的我还是一张胖脸。

不过我也没怎么难过。没有实现的目标那么多，也不差减肥这一件事。只是随着年龄增大，新陈代谢减慢，胖变得容易起来，我对变胖这事也更加敏感了。所以，当我看到“月半之子”时，还真一下子联想到了胖子。

其实“月半之子”离“胖子”还是隔着点距离的，无论含义、读音还是文字组成都有可区别之处，这也是第 12235041 号“月半之子”商标能够获准注册的主要原因。但在后续的无效宣告案件中，商标评审委员会裁定该商标与在先的“胖子”商标构成使用在调味品等同一种或类似商品上的近似商标，在部分商品上予以无效宣告。

这并不说明初步审查和无效宣告审查的标准不一，只说明在初步审查和无效宣告审查时，判断考量两商标是否会导致消费者混淆误认的因素不同。初步审查时，只审查标识本身的近似情形，而无效宣告案中，则考虑了商标在实际使用时的情形。

对“月半之子”商标提出无效宣告请求的是重庆胖子天骄食品有限公司（以下简称“胖子公司”）。胖子公司提出的其中一个理由是，该公司在重庆市具有较高知名度，被申请人陈启胜作为处于同一区域的同业竞争者，理应知晓“胖子”品牌及包装。而且陈启胜对“月半之子”争议商标的不规范使用，更是增加了其与胖子公司的“胖子”引证商标的近似程度，具有恶意，违反了诚实信用原则，损害了胖子公司及消费者的权益，破坏了市场经济秩序。

胖子公司提交了公司及其商标所获荣誉材料、产品及销售照片、销售发票、宣传推广材料等，另外还有一份经公证的“月半之子”产品销售收据。

商标评审委员会在裁定书中特别写明，胖子公司提交的证据 4 即重庆市工商行政管理局于 2010 年 7 月颁发的重庆市著名商标证书可以证明，“胖子”商标在争议商标“月半之子”申请注册之前已具有较高知名度。此外，胖子公司提交的证据 2 即（2017）闵晋证民字第 92 号《公证书》可以证明，被申请人陈启胜对争议商标“月半之子”进行了不规范使用，弱化了“之”字。故“月半之子”商标在实际使用中更增加了其与具有较高知名度的“胖子”商标混淆误认的可能性。

我认为这个证据 2 非常重要，因为避免混淆才是不予相同近似商标共存的基本目的。在本案中，争议商标“月半之子”中的“月半”由引证商标一、二“胖子”中的“胖”字拆分而成,本来也易被像我这样的相关公众识别为“胖之子”。再加上胖子公司提交的证据可以证明实际混淆，判定“月半之子”商标与“胖子”商标构成近似商标就合情合理又合法。

由于《商标法》第三十条的规定只适用在同一种或类似商品上，因此本案的最后结论是，在与“胖子”商标属于同一种或类似商品的食品防腐盐、醋、酱油、调味料、胡椒、调味酱汁、豆酱(调味品)、鸡精(调味品)、味精商品上予以“月半之子”商标无效宣告，在不属于类似商品的咖啡调味香料（调味品）商品上予以维持。

本案中胖子公司还提出了其他理由请求宣告“月半之子”无效，但没有得到商标评审委员会的支持。裁定书是公开的，感兴趣的朋友可以上商标评审委员会官网查询原文。

商标真是个复杂的问题。脱离了具体的案情，有时真的很难确定“月半之子”商标和“胖子”商标是不是构成近似商标，我也特别害怕被追问这样的问题。两个商标标识长得像不像,谁都看得见,但在实际使用中会不会造成混淆,则需要考量多方面因素才能做出倾向性判断。

本案中,“月半之子”商标和“胖子”商标只隔着一个淡化的“之”字,忽略掉这个“之”，就是“月半子”和的的“胖子”之争。在调味品这一种商品上，怎能容得下两个“胖子”?

83

驰名商标真的“驰名”吗

有人在我的公众号后台留言问：“工商行政管理总局的驰名商标是怎么评的？”

我颇为尴尬，因为2001年《商标法》第二次修订后，工商行政管理总局（注：指原国家工商行政管理总局，2018年3月后不再保留）就没有评过驰名商标了，任何一个单位也都没有被评过驰名商标。

驰名商标只是在商标侵权和商标确权案件中需要认定的一个事实，既没有哪个机关主动去评，也不用和其他商标去比，是在每个具体案件中独立认定的。但我对于“驰名商标是怎么评的”这种问题倒也不觉得吃惊，因为听得太多了，也深知很多企业真的不明白驰名商标是怎么一回事。外行问一句外行话是再正常不过的事情。

对驰名商标的理解有误，基于很多原因，其中一个大概是，所谓的内行也说了外行话。尽管我认为说“评驰名商标”的人其实都是外行，可问题是一旦穿着一件内行的马甲，其外行话就有了较强的让人误信的影响力。

但我并不想探讨此事，只想实事求是地讲讲在商标评审委员会的确权案件中，驰名商标意味着什么。

认定驰名商标意味着给予极强力度的保护，但商标权作为私权，法律保护需要专用权人自己去主张，商标评审委员会认定驰名商标的原则是被动认定、个案认定。被动认定的意思是，当事人需要在评审案件的理由中明确请求认定某注册号下的某商标为某商品上的驰名商标，比如请求认定第1768296号“蒙牛”商标为牛奶商品上的驰名商标，并宣告第××号“蒙之牛”商标无效。当然，请求认定未注册的商标为驰名商标的话，是没有注册号的。当事人不提出认定驰名商标的请求，商标局、商标评审委员会不会主动去认定这个事实。个案认定原则，是指每个案件中都必须独立认定驰名商标。每次认定只对该案件有效。所以，不存在驰名商标需要多少年认定一次的问题，每一次需要保护的时候都要再次认定。

即使该商标在另案中曾被商标局、商标评审委员会、各地中级以上法院认定为驰名商标过，在本案中也不能免除举证责任。在先的认定记录可以作为驰名商标被保护的一份证据，对其知名度起到证明作用。

所以，申请人在案件中仅提交一份驰名商标保护记录一般是不够的，还必须提交其他使用和宣传的证据，一并证明该商标在本案中依然是驰名商标。

有的当事人说:“我这么有名的品牌，你审查员能不知道吗?还需要提交什么证据?”

审查员确实知道很多知名品牌，但审查员不能因为自己知道就在案件中认定某商标是驰名商标。谁主张谁举证，对于具体商标的知名度问题，永远需要在具体案件中由当事人提交证据证明。

证明一件商标已在相关公众中被广泛知晓，达到驰名程度，需要考量该商标使用和宣传的持续时间、程度和地理范围等多种因素，通常需要提交很多证据，而证据的收集、选用、分类、整理绝对考验专业能力，所以我倒是建议把这项工作委托给专业机构来办理。

至于商标代理机构的专业水平如何，需要考量的因素也较多，但如果哪个商标代理人说出了“评驰名商标”的话，基本就可以确定其是穿着马甲的外行，可以不予考虑了。

84

两年前的驰名商标还是驰名商标吗

最高人民法院（2016）最高法行13号行政判决书，共20页。在读到该判决之前，我不知道有件“威仕达玉兰”商标已经获准注册14年了。学习该判决之后，我查询得知，商标评审委员会于2016年7月28日做出重审裁定，对第1904474号“威仕达玉兰”商标宣告无效。

一件注册了14年的商标怎么会被宣告无效了呢？因为提出宣告无效请求的宝洁公司主张其“玉兰油”商标是驰名商标，应该得到特别保护，最高人民法院支持了其主张。

为什么这起案件会一直打到最高人民法院呢？因为商标评审委员会、北京市第一中级人民法院、北京市高级人民法院都没有支持宝洁公司的主张。为什么不支持呢？因为本案中的诉争商标“威仕达玉兰”注册申请日为2001年5月15日，宝洁公司请求给予其“玉兰油”商标以驰名商标保护，必须证明在2001年5月15日以前“玉兰油”商标就已经成为驰名商标，而宝洁公司向商标评审委员会提交的证据大部分产生于这个日期之后，不能证明其主张。

为什么最高人民法院又支持了呢？因为宝洁公司在再审申请中，又向最高人民法院补充提交了产生于2001年之前的证据，最高人民法院采信了这些证据，结合之前提交的证据，认定其“玉兰油”商标在“威仕达玉兰”商标注册申请日（2001年5月15日）之前已成为驰名商标。

虽然我个人对最高人民法院在再审中采用补充提交的证据的做法保留个人意见，但绝对尊重最高人民法院的权威。而且，在本文中，我想强调的问题也仅仅是证据产生的时间点，不是证据提交的时间点。这里的关键点是：商标评审委员会在审理商标无效宣告案件时，基本以该诉争商标申请注册日之前的在先权利事实为基础。所以，需要驰名商标所有人提交证据证明其商标在诉争商标注册申请日前已成为驰名商标。比如，在“威仕达玉兰”商标案中，宝洁公司虽然是在 2010 年提出宣告无效申请的，但依然要提交 2001 年之前的证据。当然，在诉争商标注册申请日之后产生的证据，驰名商标所有人也可以提交，但一般来说，证明力就弱了点。而这一点常常被驰名商标所有人忽视。有的人提交了厚厚的证据，却都是最近三年的，在诉争商标注册申请日前的基本没有。没有证据的原因，有的可能是在诉争商标注册申请日前其商标还没有达到驰名的程度，有的则可能是完全理解错了驰名商标保护的规定。

如果证据全部产生于诉争商标注册申请日之后，即使足以证明在案件审理时其商标已达到驰名程度，商标评审委员会一般也不会认定这个事实。因为这个事实对判断诉争商标是否应该宣告无效没有意义。而且，即使提交的证据是在诉争商标注册申请日之前产生的，而且可以证明其商标有较高知名度，但商标评审委员会如果认为诉争商标没有抄袭、模仿、翻译驰名商标的恶意，且使用也不会损害驰名商标所有人的利益，就不会认定其为驰名商标这个事实。

只有在需要保护时，才会在案件中认定驰名商标这个事实。这一点通常称为驰名商标按需认定原则。

尽管对这一原则的认识，一直都有分歧，在实践中也有个别案件是认定驰名商标的事实但不予保护，但目前这一原则得到了行政机关和司法机关大多数人的认同。

事实上，一件商标从申请到初步审定公告结束后获准注册要一年时间。即使在其获准注册之后，驰名商标所有人立即以保护驰名商标为由提出无效宣告请求，经过多轮的证据交换，该案件进入实审审理也要在9—12个月之后，所以在商标评审委员会确权程序中认定的驰名商标，一般至少也是两年前的事实了。比如“威仕达玉兰”商标案件中，2016年做出的裁定，其实认定的是15年前的事实。但不管几年以前的事实，都是靠当事人提交的证据证明的，所以正确把握证据产生的时间点相当重要。

85

驰名商标保护有多强？最高院判决说端详

此前我介绍“威仕达玉兰”商标案，有朋友提出了一些不同看法，认为仅从标识本身看不出“威仕达玉兰”商标属于《商标法》所指的“恶意注册”情形。

这位朋友的观点有一定道理。玉兰是常见树木、花卉名称，作为商标的一部分使用，确实不能仅因与“玉兰油”商标有两字相同，就认定其注册有恶意。

特别是，本案中“威仕达玉兰”商标的核准注册日为2002年8月21日，而宝洁公司于2010年8月4日才向商标评审委员会提出撤销申请，必须适用《商标法》第四十五条第一款（2001年《商标法》第四十一条第二款）“对恶意注册的，驰名商标所有人不受五年的时间限制”的规定，才能审理。

所以“恶意注册”是本案的关键所在。最高人民法院显然不是仅仅根据标识本身做出判断的，而是建立在采信宝洁公司提交的一系列证据的基础上的。

至于怎么判断“恶意注册”，还是直接学习最高人民法院的判决书好了。

“关于威仕达公司申请注册争议商标是否具有恶意的问题，本院认为，根据（2001年）《商标法》第四十一条第二款‘对恶意注册的，驰名商标所有人不受五年的时间限制’的规定，判断争议商标（‘威仕达玉兰’商标）的注册是否具有恶意，不能仅仅考虑商标是否已经达到驰名的程度，即只要是驰名商标，就推定申请注册人具有恶意，而应该根据案件具体情节，从主观意图、客观表现等方面综合判断。

“本案中，威仕达公司与宝洁公司同为洗化行业经营者，引证商标（‘玉兰油’商标）在争议商标申请注册日前已经具有很高知名度，威仕达公司应当知晓。此外，威仕达公司在实际使用争议商标的过程中具有攀附宝洁公司商标商誉的意图之行为，亦进一步佐证该公司申请注册争议商标具有恶意。”

我理解该案之所以如此审理，最高人民法院应该是想要传达这样的信念：我们对驰名商标的保护绝对是有力的，对恶意抄袭模仿驰名商标的行为是坚决制止的。

我相信这是所有从事商标确权和侵权的行政执法工作人员和司法工作人员的信念，也是所有驰名商标所有人的愿望。尽管新修正的《商标法》规定不许对驰名商标进行商业宣传，但行政机关和司法机关对驰名商标保护的力度从来没有减弱，反而更大了。

“不受五年的时间限制”，意味着驰名商标所有人拥有一项永不过期的权利。从字面上讲，这一规定给予驰名商标的保护达到了不可思议的高度，也意味着只要是恶意抄、靠、傍驰名商标注册的商标，不管使用了多少年，使用范围有多广，都可能会被宣告无效，即自始无效。

虽然我对“威仕达玉兰”商标被宣告无效一点也不可惜，但我对玉兰花真的很是喜爱，所以想多介绍几件“玉兰”商标。

经查询得知，第107926号商标指定使用在洗发膏、洗发液商品上，目前的所有人是北京丽源有限公司；第 138013 号商标使用在冷烫精商品上，目前的所有人是自然人石新弟。以上两件商标的申请时间均为 1980 年，现在依然是有效注册商标。更早的一件是第 76446 号商标，指定使用在香皂（出口）、牙膏商品上，能查到的历史是 1978 年 7 月 7 日起有效，最早归中国轻工业进出口公司所有，1998 年转让给了理查森 – 维克斯公司，经再次转让，目前所有人是宝洁公司。

所以，“玉兰”本来是纯粹的国货，加了个“油”字后，就成为洋货了。事实也证明文章开头那位朋友的质疑有道理，使用“玉兰”商标的人还真不一定都是抄袭宝洁公司的“玉兰油”商标的。

86

好代理与坏代理

审理案件的过程称得上是阅尽人间百态。普通人可能一生只会遇到几次背叛与恶行，可是对于一年审理数以千计的案子的商标评审委员会审查员来说，几乎每天都要对某人是否有主观恶意进行确定。这真不是件容易的事，特别是某些赤裸裸的不诚信行为带来的无奈，实在不是一声叹息就能事过无痕的。

尽管恶行见多了，就像急诊医生看到血淋淋伤口的第一反应是止血一样，审查员看到明显抢注的商标时，第一反应是判断适用哪款法条来宣告无效，但每次适用《商标法》第十五条时，我还是替更多辛苦经营的企业感到担心。

对于一家企业来说，代理商可能是最亲密的朋友之一，一旦被代理商背叛，不仅会带来利益的损失,还有因关系破裂带来的创伤。最亲的人往往伤你最深,建立在高度信任基础上的代理合作关系，在商标注册问题上的纠纷往往会给企业带来巨大困扰。

下面介绍一个案例。

广州市蓝海通建材有限公司（以下简称“蓝海通公司”）是一家专注于环保全能无机矿物涂料研发和生产的企业。自 2010 年 11 月起就与成都领越涂料有限公司（以下简称“领越公司”）的法定代表人就“领越”无机涂料代理事宜进行沟通磋商。2011 年 7 月 1 日，双方签订“领越”无机涂料代理商协议，蓝海通公司授权领越公司担任“领越”无机硅酸盐涂料在四川和贵州地区的独家代理商。

但是，2011 年 3 月 7 日成都庄语投资管理有限公司（以下简称“成都庄语公司”）在第 2 类着色剂、黄土颜料等商品上申请注册了“领越”商标，后转让给领越公司。领越公司承认因其成立在后，所以委托成都庄语公司进行了上述商标的注册。

蓝海通公司于 2012 年 8 月 13 日对“领越”商标提出争议申请。其主要理由就是领越公司作为其代理商注册“领越”商标主观恶意明显，请求依据《商标法》第十五条的规定，撤销该商标。

蓝海通公司提交了双方邮件内容及 QQ 聊天记录、“领越”无机涂料代理商协议及双方当事人基本信息等证据。

商标评审委员会经审理认定，作为代理商，领越公司对蓝海通公司的“领越”商标理应知晓，其法定代表人委托他人申请注册“领越”商标，后又经受让取得,二者的行为已构成串通合谋。本案“领越”商标的注册使用已构成《商标法》第十五条所指“代理人以自己的名义将被代理人的商标进行注册”的情形，应撤销注册。

领越公司不服裁定，向北京市第一中级人民法院起诉，后又上诉到北京市高级人民法院。北京市高级人民法院判决如下：

“虽然领越公司与蓝海通公司签订的‘领越’品牌的无机涂料代理商协议形成于争议商标申请日后，但是考虑到合同签订前按照通常的商业惯例，合同相对方均会针对合同条款进行磋商，结合形成于争议商标申请日前的QQ聊天记录的具体内容，可以认定在争议商标申请日前，领越公司与蓝海通公司即对代理‘领越’品牌无机涂料事宜进行了磋商，并最终形成代理关系。因领越公司所注册的争议商标与蓝海通公司的‘领越’商标基本相同，同时争议商标指定使用的着色剂等商品与蓝海通公司的‘领越’商标所使用的无机涂料商品在功能、用途、消费群体等方面较为相近，构成类似商品，并且领越公司并未举证证明其申请争议商标具有合理事由，综合在案证据，原审判决及被诉裁定关于争议商标的注册违反《商标法》第十五条所规定情形的认定并无不当，本院予以确认。领越公司相关上诉理由缺乏事实及法律依据，本院不予支持。”

正如判决所显示的，法律对代理人抢注被代理人商标的行为是坚决予以制止的，而且相对其他法条，这是唯一不需要当事人证明其商标在先使用的条款，只要求证明代理关系成立即可。原因就在于代理人抢注被代理人商标，是严重违背诚信的行为，必须严罚。

虽然我坚定地相信绝大多数代理商是诚信经营的，但谁也不能保证自己永远不会踩到老鼠屎。防人之心不可无，说出这种告诫的话真是很无奈，但辛苦经营企业，做好保护措施也是应当的。既然大部分企业的发展都离不开代理商，那么在代理协议中就一定要把商标权的归属约定清楚，不仅是该协议中代理商品上使用的商标，被代理人所拥有的全部商标归属都要写清楚。这样，事后一旦有了纠纷，商标权归属起码是明确的。

还有一点，我认为也很重要。从代理合作的磋商开始到代理关系结束，都要时不时地查询一下代理商的商标注册情况，这应该也不失为检查代理商是否诚信的办法。会抢注被代理人商标的代理商，大概在其他方面也不值得信任，早点终止代理合作可能更有益于企业的发展。

87

关于人名注册的喃喃自语

我不是冰球爱好者，关注宋安东，完全是因为那张帅气年轻的脸。看完了他的故事，才知道这小伙是冉冉升起的体育明星。然后，我就犯了职业病，想知道这个名字有没有被人申请注册为商标。写这篇文章时（2015 年 7 月 20 日）我没有查到，但重新整理本文时（2016 年 11 月 12 日）我又查询了一下，有 5 件申请，其中 4 件商标已经核准注册，申请人均不是宋安东本人。

2015 年 6 月 27 日，宋安东在 NHL（即北美职业冰球联盟）选秀大会上被纽约岛人队在第六轮选中，成为该联盟近百年历史上第一位被选中的中国球员。冰球在中国也是一个很冷门的体育项目，关注的人不会太多，但总有那么几个人注意到，并试图靠其获利。

抢注名人名字商标的事情发生了太多次，我实在想对某些有此“爱好”的人说几句。我想起了当年被媒体炒过的“林书豪”商标案，决定再介绍一下此案情况来表明我的观点。

经查询，共有 314 件“林书豪”商标注册申请，其中 312 件的申请时间都在 2012 年 2 月 15 日到 2012 年 8 月 6 日这半年中。其中林书豪本人名下的（包括申请的与受让的）商标共 35 件，其他商标均为他人申请。这些申请人包括四家商标代理服务机构（其中一家申请了 10 件）、若干从事各种行业的公司及十几名自然人。可是，除了林书豪本人申请的商标获准注册外，只有最早于 2010 年 7 月由无锡某体育用品有限公司申请的 2 件商标获准注册（随后被林书豪本人提出争议），其余商标均被商标局驳回。驳回理由基本为：林书豪为体育界名人，非经本人授权，将其姓名申请注册商标易造成消费者误认，易引起不良影响。

有意思的是，所有被驳回的商标均未选择申请复审。

林书豪作为名人，其故事已不用介绍了。这里介绍一下在第 8511617 号“林书豪 Jeremy S.H.L.”商标争议案中，无锡某体育用品有限公司的答辩理由。该公司称其主营运动球类产品，经多年努力得到相关公众的高度认同。争议商标注册时，林书豪不具有知名度，且争议商标与林书豪姓名无对应性，未构成对林书豪姓名权的侵害。

这个答辩理由没有获得支持。商标评审委员会认为，本案中，林书豪提交的媒体报道证据能够证明，作为自 1953 年后首位进入 NBA 的哈佛大学学生、首位进入 NBA 的美籍华裔球员，在 2010 年 6 月 24 日参加 2010 年 NBA 选秀大会之后，林书豪迅速受到了美国媒体和中文媒体的广泛关注，在极短的时间内获得较大知名度。在案证据足以证明争议商标申请注册时，林书豪已经在中国公众中具有一定知名度。林书豪提交的护照显示，其英文名为“Jeremy Shu-How Lin”，“林书豪”是其在公开活动及媒体报道中使用的中文名。争议商标由上述英文名的缩写“Jeremy S.H.L.”以及“林书豪”组合而成，与林书豪姓名具有对应关系，争议商标注册和使用在与林书豪所从事的篮球运动及其商业价值具有一定关联性的运动球类等商品上，极有可能对林书豪的姓名权造成损害。因此，争议商标的申请注册损害了林书豪的姓名权，属于 2001 年《商标法》

第三十一条所指的“损害他人现有的在先权利”之情形。最后裁定争议商标予以撤销。

虽然无锡某体育用品有限公司对此裁定不服，向法院提出了诉讼，但商标评审委员会对于审理类似案件的基本原则不会改变。并不是每个人的姓名权都会获得保护，判定系争商标是否损害他人姓名权，应当考虑该姓名权人在社会公众当中的知晓程度。说白了，姓名权人得是个名人，不一定是人尽皆知的影星、球星，在某一领域内知名的姓名，通常也能在一定范围内获得保护。我想说的重点是，抢先申请注册名人的姓名为商标，真的是一件损人不利己的事，也基本不能成功注册，在给名人添一大堆麻烦的同时，还浪费本来就紧缺的行政、司法资源。即使偶然注册成功了，紧跟而来的也一定是一大串官司，如果注册成功后还使用了，带来的可能就是巨额的经济损失。

我很喜欢宋安东，他外表英俊、才华过人、努力上进。我满心期望也的确认为这孩子前途无限，也因此担心有人来抢注商标而搅扰他前进的脚步。虽然最后能取得多大的成就还需要一点运气，但在人们已经习惯了一夜成名的时代，几乎每天都会有几个“宋安东”成为头条。

只是，我真心希望，不会看到他们的名字被抢注成商标的新闻。

88

主张权利第一要务：证明你是“你”

据说中国有 7% 的人姓张，“月梅”又是女性常用名字，我的名字就普通到处处有重名。在网上搜索一下，仅北京市就有 96 人名为张月梅。

在微信公众号中，不仅有我的公众号“张月梅的商标文”提供普法知识，还有其他的“月梅”提供各种内容。

所以，如果有人想准确地找到我，需要加上很多附加条件，比如相貌、年龄、籍贯、职业、身份证号等等。假如只知道名字，即使我就站在你面前，你也没办法确信我就是你要找的那个“我”。而我，如果不拿出身份证，不找人来作证，或者不提供其他证据，仅凭口头声明，也没有办法证明我就是你要找的那个“我”。

证明我是“我”，听起来很矫情，其实真的很严肃。在法律问题上，证明你是“你”，我是“我”，从来都是极其重要的，容不得半点马虎，因为很多权利，只有你能行使，或者你授权给我行使。

比如，在商标确权案件中涉及姓名权时，证明你是可以使用或授权他人使用该姓名的那个“你”，就是必须的。

举个名人姓名注册商标的例子，假定是周迅吧。作为中国当代著名的女演员，周迅的名字和面孔为很多中国人所熟悉。假定 ×× 公司来注册“周迅”二字为商标，声称其已得到周迅本人的授权，并提交了授权书，授权书上写明：本人周迅，授权 ×× 公司使用本人姓名注册商标。但是没有照片。

那么问题来了，这份授权书确实是一个叫作周迅的人签署的，但在没有身份证号或其他证据佐证的情形下，怎么能确定这个的周迅是演电影的周迅，而不是某个卖土豆的周迅呢？

再举一个经过诉讼的例子。该案中某公司提供了名人的护照，但没有提交授权书，因此其以侵犯他人姓名权为由提出的商标异议申请没有得到支持。具体案情就不介绍了，只把北京市高级人民法院判决书的部分内容抄录于此：

“依据《民法通则》的规定，自然人享有姓名权，但是姓名权属于人身权的范畴，具有特定主体的人身依附性，一般应当由自然人本人行使，或由其授权的主体行使。本案中，根据索尼亚公司在评审阶段所提交的证据及原审的庭审陈述，其并未获得 Sonia Rykiel 女士的相应授权，而且对人身权的行使在无法定默示许可的规定下，一般应当以自然人的明确授权为认定要件，这也符合人身权的基本保护规则。虽然 2001 年《商标法》中对异议人主体资格并未明确进行限定，但是对法定权益的保护应当符合具体部门法的一般性规定。基于前述对姓名权行使的相关要求，显然索尼亚公司不具有依据 Sonia Rykiel 女士的姓名权提出在先权利的主体条件，原审判决对此认定正确，本院予以确认。”

其实就这两种案件情形而言，如果该公司真的是名人授权使用其姓名的公司，能得到身份证明或护照（复印件），一般也能拿到授权书。之所以没有同时提交两份证据，我认为还是没有充分认识到证明你是“你”及你已授权“我”的重要性。

所有的权利终究要落实到一个具体主体上，对于姓名权、肖像权等人身权利，更必须依附于特定的主体。所以在行使权利时，第一要务是要证明你是权利人，即你是“你”，如果还牵涉其他人，还必须证明是你授权给其他人的。

89

“德国”公司不一定来自德国

出于各种原因，现在好多“洋节”都过得热热闹闹的。有人喜欢，有人不喜欢。这很正常，每个人都可以选择自己乐意的方式度过每一天。

从目前来看，发达国家的名字对于消费者还是相当有吸引力的。有利益的地方就有各种趋利的人，于是各种“外国公司”风起云涌般地出现，比如这一家：绝对牛（德国）酿酒有限公司（简称“绝对牛公司”）。

这家看起来像是德国公司的公司，法定代表人姓蔡，应该是个中国人，注册地在香港九龙旺角某商业中心。在香港，公司名称可以任意写上国家名，我见过很多家注册在香港，却写着英国、美国、法国等国家名的公司。

这家绝对牛（德国）公司真的“绝对牛”，他们在各种各样的商品和服务上申请注册了很多商标，包括“百度”“路虎”“捷豹”等。

在我看到的这个案例里，第 8381575 号商标申请注册在啤酒、水（饮料）、可乐等商品上。判决称这件商标为被异议商标。

这件商标初步审定公告后，菲亚特克莱斯勒美国有限公司向商标局提出异议。该公司是汽车商品上“Jeep 吉普”商标的所有者。

对于了解商标确权审理的专业人士来说，这起案件的结果不难预测。因为现在打击恶意注册已经成为行政机关和司法机关的共识，所以，这起商标异议案件经过了四个审级，其中商标评审委员会、北京市第一中级人民法院、北京市高级人民法院均支持了菲亚特克莱斯勒美国有限公司的异议理由，该商标最终不予注册。

适用的法律是 2013 年《商标法》第四十四条第一款的内容：“以欺骗手段或者其他不正当手段取得注册的，由商标局宣告该注册商标无效，其他单位或者个人可以请求商标评审委员会宣告该注册商标无效。”

北京市高级人民法院在判决中认定：“本案中，绝对牛公司抄袭摹仿菲亚特克莱斯勒美国有限公司的商标并申请注册了多件商标，还多次摹仿他人知名商标并申请注册商标。同时，绝对牛公司没有证据证明其在被异议商标申请日之前使用过该商标，绝对牛公司提交的证据不能证明被异议商标经使用已获得显著特征。绝对牛公司多次摹仿他人知名商标的行为扰乱了商标注册管理秩序，已构成2001年《商标法》第四十一条第一款所指之情形。”

内行看门道。该案判决是北京高级人民法院于2017年10月25日做出的，这句话应该值得专业人士记住：“绝对牛公司多次摹仿他人知名商标的行为扰乱了商标注册管理秩序。”有这样的认定并不容易，我本人支持这样的观点，不这样适用法律，实在不足以遏制大量抢注商标的势头。

外行看热闹。我写商标普法文章的目标读者是不懂《商标法》的人，这份判决吸引我把它写出来的更主要的原因,就是这个“绝对牛”的公司的名称：绝对牛（德国）酿酒有限公司，重点是“德国”二字，关键点是其注册地为中国香港。

香港是个好地方,有很多好公司。但香港允许在公司名称里加上“德国”“美国”“法国”等字眼，所以“李鬼”和“李逵”都合法地生存着。

审理商标案件时，作为审查员，我会特别关注公司注册地。而消费者可能就不会那么仔细了，看到“德国”二字就下意识地以为是一家德国公司，又通过深入联想以为质量一定很好。我不知道德国的产品是不是质量真的都好，但注册在香港的“德国”公司，质量真的难以保证。

所以,我真诚提醒所有喜欢“洋货”的朋友们：一定要睁大双眼,看清商标。看清公司名称，还得看清公司注册地。

90

抢注商标，害人害己害行业

一直以来，我给自己的定位都是写普法文章的普通作者，力求摆事实、讲法条，就案说案，不带个人感情因素。但有时候觉得这真的很难。

比如当我看到这些品牌时，便很有一些亲切感——不是作为审查员，而是作为消费者。沙宣、飘柔、强生、夏士莲、海飞丝、蓝月亮、花王……这些品牌的洗发水、洗衣液我都用过，或者正在用着。

然而，许多商标案件告诉我，这些品牌商标在早先都被一个自然人贺 × 申请注册了。

这让我联想到大批商标背后一大串浪费精力的无聊、无良案件，让我觉得实在无趣。

被抢注了商标的大公司一般会提出异议，即使错过了异议期，也会提出无效宣告请求。而在目前已达成共识的情形下，审理这样的商标案件其实没有太多技术含量。但让人难过的是，无论审理思路多么明确，也不能让审理过程中的麻烦变得少一些。

贺 × 这种大量申请注册他人知名商标的行为，已经构成了《商标法》第四十四条第一款所规定的以其他不正当手段取得注册的情形，应裁定未注册的不予注册，已注册的宣告无效。如“飘柔”商标案，该件商标由贺 × 于 2010 年 9 月提出申请，指定使用在消毒剂、止痒水、清凉油等商品上。2011 年初步审定公告后，被宝洁公司提出异议，商标局裁定不予注册。贺 × 提出复审申请，商标评审委员会继续裁定，仍然不予注册。贺 × 提出诉讼，北京知识产权法院判决驳回诉讼请求。贺 × 提出上诉，北京市高级人民法院 2016 年 6 月判决维持原判。

一句话，“飘柔”商标折腾了五六年，结果还是没能注册下来。为什么要这样折腾，这得去问贺 ×。对于商标评审委员会和法院来说，人家依法提起了案件，支持不支持，都得审理。

至于为什么当初会初步审定，这涉及初步审查与异议审理有着不同审理依据的问题，比如初步审查时不能适用《商标法》第四十四条第一款关于“不正当手段取得注册”的规定。其他不同之处，另写文细说。在这里我重点推荐的是本案中北京知识产权法院的判决书，有点长，分段抄录如下：

“市场主体在生产经营活动中如果需要对其商品或服务取得商标专用权，可以自主自愿提出商标注册申请，但相关商标申请注册行为也并非没有限度。作为讲诚信、负责任的市场主体，理应在经营活动中努力形成自身品牌，培养消费群体，并尽可能地消除与他人商业标志相混淆的可能性，而非通过搭便车、傍名牌等方式谋求不正当经营利益。

“具体到商标申请注册过程中，商标申请人应当自标识设计之初即注意形成自身品牌的独特形象和风格，合理避让、自觉远离他人在先商标，主动在商标标识之间作出区分，尊重他人业已形成的商标利益，同时避免社会公众利益因为不当行为而受到损害，以此促成和维护诚信、公平、良善的市场秩序和竞争环境。与此相违背的不正当商标申请注册行为，均是所不能容忍并坚决予以遏止的。在此基础上，并综合考虑在案证据情况，贺 × 有关其系基于商标先申请原则且已取得相关商标注册、诉争商标属于容易想到的简单汉字组合、商标注册后未转让牟利等主张，均不足以否定其商标申请注册行为的不正当性。”

如此谆谆教导，法官真是用心良苦。但我更希望读者能体会我的良苦用心：对于讲诚信、负责任的市场主体，可能这判决有助于其正确适用法条，及时保护自己的正当利益；对于打算“搭便车”“傍名牌”的人，或许这判决有助于其明白目的难成，还是放弃谋求不正当利益为好。

91

“乔丹”系列商标案为何没完没了

关于“乔丹”系列商标案，朋友圈总会刷屏新消息，一是“最高检受理乔丹体育商标案抗诉申请书”，二是“乔丹商标保护获立案，多地维权为商誉”。

我禁不住想：“乔丹”系列商标案为什么如此没完没了？

我不知道准确答案，只是假设了一下。那么多独创品牌也做得很大很好，如果当初乔丹体育股份有限公司（以下简称“乔丹体育”）不用“乔丹”商标，是不是也能做到现在的成绩？而那样的话，是不是就没有如此多的官司了？

最高人民法院已认定“飞人”乔丹享有“乔丹”姓名权，如果“飞人”乔丹在 2012 年向商标评审委员会同时提起的 70 多件乔丹商标撤销案全部没有超过五年期限，是不是那些商标就都被撤销了？那样的话，这官司是不是就不用打得如此壮烈了？

只是世上没有假如。现实就是乔丹体育使用了“乔丹”商标，而且做大了，和“飞人”乔丹代言的耐克（即耐克创新有限合伙公司）在同一个商场里比邻而居多年。而多年的官司后，乔丹体育依然享有第1541331号、第3148047号、第3148049号等多个“乔丹”商标专用权，并以此为基础提出了侵权诉讼。

这些商标没有被撤销的原因，就是“飞人”乔丹提起撤销申请时，其注册时间已超过五年。

关于五年期限的问题，在第4152827号“乔丹”商标案中，最高人民法院的判决说得很清楚。2001年《商标法》第四十一条第二款规定：“已经注册的商标，违反本法第十三条、第十五条、第十六条、第三十一规定的，自商标注册之日起五年内，商标所有人或者利害关系人可以请求商标评审委员会裁定撤销该注册商标。”法院认为，上述规定中的“自商标注册之日起五年内”，是向商标评审委员会申请撤销争议商标的法定期限，立法者在规定该期限时已经充分考虑了在先权利人与商标权人之间的利益平衡。该期限可以督促权利人或者利害关系人及时主张权利，避免争议商标的法律效力在核准注册后的过长时期内仍处于可争议状态，从而影响商标权人对争议商标的宣传和使用，损害商标权人的合法权益。本案中，再审申请人（乔丹）在争议商标注册之日起五年内向商标评审委员会提出撤销申请，符合上述法律规定。因此，商标评审委员会、乔丹公司（注：指乔丹体育股份有限公司，即乔丹体育）关于再审申请人怠于保护其姓名权的主张缺乏事实和法律依据，本案不予支持。

需要说明的是，这一解释同样适用于2013年《商标法》关于提出商标无效宣告请求的规定。同时，虽然在上面这件商标案中，“飞人”乔丹确实及时行使了权利，但商标评审委员会并不是无缘无故说他怠于保护姓名权。毕竟乔丹体育最早的“乔丹”商标于2002年就获准注册了，“飞人”乔丹2012年提出撤销申请时已是十年后，而“乔丹及图”商标于1992年就获准注册，撤销申请时，已是二十年后了。

也许就算“飞人”乔丹在商标注册五年之内提出撤销申请，也不能保证这个商标系列案不会像现在这样没完没了。毕竟每件官司都有目的，不管官司由“飞人”乔丹提起也好，由乔丹体育提起也好，无非是那句话的现实写照：天下熙熙，皆为利来；天下攘攘，皆为利往。

利来利往，社会本性。只是君子爱财，应取之有道。我当然希望每件商标的注册不仅合法合规，而且守道德、讲道义、有道理，只是在现在，甚至可预见的未来，似乎这依然是个希望。

所以，我要再一次提醒权利人：请求法律保护的权利是有期限的，过期作废！

如果你认为一件注册商标侵犯了你在先的姓名权、商号权、著作权、专利权等私权，请一定要在该商标注册之日起五年内提出。超过期限，就算官司打到最高人民法院，也不会得到支持。

最后给大家说一个细节。对于经过异议程序核准注册的商标，五年起算日是第二次商标注册公告日，所以提起无效宣告请求不能晚也不要早哦！

92

腾讯需要申请“微信之家”吗

在朋友圈看到一篇名为《“微信之家”被注册，腾讯大大，你看到了吗？！》的文章，读罢我叹了口气。

文章大概讲的是申请人深圳灿祺鞋服有限公司（核定使用商品/服务为第25类：皮带）对“微信之家”Logo提出了异议。

微信之家
The home of WeChat

这篇文章的标题很吸引眼球，但表达不准确，因为这件商标还没有注册。虽然文内也讲了这件“微信之家”商标仅仅处于初步审定公告期间，腾讯公司提出异议申请的话，不一定能获准注册，但知识产权从业者故意用这种不符事实的标题，实在说不上专业。

文中这句话也让我不舒服：“由于当初没有选择一口气在45类全类别注册‘微信’商标，待腾讯公司反应过来时，多家企业及个人已经抢先注册了多个类别的‘微信’商标。”

这口气似乎说错在腾讯公司，像是在指责受害者。一个人抢了另一个人的东西，错在抢的人，而不应该指责被抢的人没有付出更大精力看住自己的东西。就像一个人在路上好好地走路，被人抢了钱，你不能指责这个人为什么不把钱看好，而应该惩罚抢钱的人。

再大的公司也不会经营全部商品和服务，腾讯公司作为互联网企业，最初不在没有经营的商品和服务上注册“微信”商标，只能说明腾讯公司是一家有正常想法的正常公司。在全类商品和服务上申请注册商标的行为，绝对是畸形状态下的怪胎行为，是缺乏诚信的商标注册环境下被迫选择的下下策，会极大浪费商标资源和行政资源，危害的是整个商标注册秩序。

没有人愿意选择下策，除非是迫不得已。微信如今已有超过10亿的使用者，我相信这位商标申请人也是腾讯的用户之一。这种明知故犯的商标注册申请行为，正是导致很多公司惶恐地在全类商品上申请注册商标的原因之一。

微信的“捂脸”表情符号被某人提出商标注册申请后，媒体大炒了一阵。我当时就担心这件事情会不会迫使腾讯公司为了以后不用再对这种商标提出异议申请，而主动申请注册一堆表情符号商标。这绝对不是我期望的。我希望这些众所周知的微信表情符号一直老老实实地待在微信圈里，安安稳稳地传递着微妙的情绪，自在地强化着人们的交流。看似简单的表情符号，其实也算得上是智慧创造美好生活的典型表现之一。

如果因为某人花了 300 元申请注册一个微信表情的商标，就把所有这些表情符号弄到商标圈里来捣乱，让一家大公司增加几百个 300 元的运营成本，让行政机关增加审查负担，付出几百倍于 300 元的财力、人力，这件商标的注册申请带来的社会后果就被放大了若干倍，这种后果应该由谁来承担?

解决问题的根本途径绝不是让受害者手忙脚乱地应付，而是让加害者害怕受到惩罚而不敢乱来。所以，别再提醒腾讯公司加大商标注册力度了。全世界都知道微信是腾讯公司的，他们实在没必要再注册一堆“微信之家”“微信之房”甚至“微信之爸”“微信之妈”商标。也不要再夸赞阿里巴巴公司注册了一大堆“阿里奶奶”“阿里叔叔”商标的行为了，这不过是悲哀的无奈之举。

我现在越来越倾向于惩罚类似提出“微信之家”商标注册申请的行为，以打击公然抄、傍、靠他人商标的行为。行政机关已经在努力适用现行法条，驳回大量抢注、囤积商标等不以使用为目的的商标注册申请。但我认为还应该让抢注者加倍赔偿被抢者因提出商标异议、无效宣告等案件的费用，并把抢注商标行为记入抢注者的诚信系统，在一定范围内限制其从事商业行为。

违法成本太低是抢注商标现象泛滥的重要原因，这一点业界已经达成了共识。只有全社会共同努力，才能让违法成本提高，让人不愿违法、不敢违法的地步。行政机关、司法机关当然大有作为，但作为普通一员，也要从每一件小事做起，比如发一条正确的消息，传播一些积极的观念，营造诚信经营的舆论环境。每一句话都是有态度的。我相信，更多的人的态度是，希望营造真正的守法诚信的良好营商环境，让每一家诚信经营的公司都不需要去申请注册一堆不使用的商标。

93

商标国际注册申请并不需要在国外办理

不管对元旦这个节日的重视程度如何，全世界多数国家的人民都会在1月1日和亲友们说一声“新年快乐”。我们已经习惯了统一历法的好处，觉得理所当然，但全球同步庆祝新年，真的算是人类智慧战胜偏见的进步。

公历也叫格里历，是罗马教皇格里高利十三世(Gregory XIII)在1582年2月颁布实施的。由于宗教争端和公众习惯的抗拒，这一历法被各国接受也经历了相当波折的过程。

人类社会不仅在历法上努力做到了全球同步，在商标注册申请体系上也一直在寻求统一而经济的方式。经过多年的讨论和争斗，马德里商标国际注册体系已被一百多个国家和地区接受，成为人类智慧胜利的又一见证。

马德里商标国际注册体系包括《商标国际注册马德里协定》和《商标国际注册马德里协定有关议定书》。从标题就能看出，后者是对前者的补充和改进。不过二者各自独立，都需要明确表态才能加入，中国于1989年加入《商标国际注册马德里协定》，于1995年加入《商标国际注册马德里协定有关议定书》。

加入马德里商标国际注册体系的最大好处是，到国外注册商标不用去国外办理，大大节省了时间成本和金钱成本。比如，我们国家的企业想到美国、欧洲或者任何一个马德里体系成员国注册商标，只需要向国际局提出一份申请，再指定具体的国家就可以了，而不需要到每个国家单独申请一次。

而且商标国际注册申请也是交给我国商标局，再由我国商标局转交给国际局。也就是说，国人根本不需要直接和外国人打交道，就可以在国外注册商标了。

不过国际局是个中转机构，只负责把注册申请递交到各个国家，至于商标能不能获准注册，还得依据注册国的法律确定。

使用马德里商标国际注册体系申请注册国际商标有一个很重要的前提：在原属国有基础注册或基础申请。比如中国人只有先在中国提出注册申请或商标已经获准注册，才能通过马德里商标国际注册体系申请商标国际注册。

当然，并不是说所有的国外商标注册，都能通过马德里商标国际注册体系解决，一来有的国家和地区未加入该体系，二来有原属国在先申请或在先注册的要求。只想在外国注册商标，或者想同时在中国和外国注册商标的，需要单独向目标国提出申请。

我建议尽量通过马德里商标国际注册体系注册商标，不仅方便，而且费用也比在各国单独申请要低得多。不仅官费低，律师费也低，因为只请一次律师就够了，不需要在各国分别请，国外的律师费很贵。

具体的申请流程比较复杂，不亲自办上几件，估计难以掌握。目前我国商标国际注册的流程使用的语言是英语、法语，交给外语过硬的专业人士办理，肯定是更明智的选择。

智慧，真是人类最大的骄傲，保证了人类历史的车轮一直朝着文明和美好的方向前进。愿我们有机会向更多有智慧的人学习，每一天都在智慧之光下前行。

94

国际注册的“中心打击”：一毁俱毁

2019 年 1 月 1 日早上 9 点，我意外地收到了一盒柿饼，口味极佳，是一个和我关系不错的商家赠送的。我把这作为新一年开始的好兆头，代表事事如意。

不知道这世上是不是真有事事如意之人，即使有，以我的经验来看，也来之不易。我了解的那些看上去活得轻松、成功的人，大多下过苦功，基础扎实，能力过硬，所以才站得稳，走得远。

基础扎实并不代表以后的路能一帆风顺，但基础不牢真的可能地动山摇。对于商标国际注册来说，如果基础注册没了，就什么后续都不会有了。马德里商标国际注册体系中有一个很重要的概念：中心打击。基本意思是申请商标国际注册必须在国内有在先商标注册申请或者在先注册商标。在国际注册之日起五年内，不管什么原因，如果国内的商标注册申请没有被核准，或者国内的商标注册被撤销或者宣告无效了，国际注册也会随之失效。

而且，国内商标注册被撤销或无效的事由发生在五年内就适用该规定，即使真正被撤销或无效时已经超过了五年。比如在国际注册第四年时，有人对国内注册商标提出了三年不使用撤销申请。这件撤销案件经过商标局审理、商标评审委员会复审、法院一审、法院二审，可能要三年后才做出最后的撤销决定，此时国际注册已经第七年了，也依然会自动撤销，也在“中心打击”范围内。

也就是说，在五年内，商标国际注册是依附在国内注册的肩膀上的，没有独立生命，只要国内注册被攻击，不管肩膀几年后才真的塌下来，都会一并摔死。

因为后果实在太严重，在各方斗争下，马德里商标国际注册体系的“中心打击”也留了一个活口，就是把国际注册转化成当地国的单一国家注册，不过费时、费钱，成本不低。

为什么要设计“中心打击”这个看似残忍的规定？这是为了保证通过马德里商标国际注册体系注册商标的人都是善意的，注册商标都是以使用为目的的。毕竟这个体系建立的本意是为商标注册申请人节省时间和金钱，这样的好事只应落到好人身上。但所有的规定都是有利有弊的，“中心打击”这颗炮弹偶尔也会炸到好人。如果想彻底避免“中心打击”，只有不走马德里商标国际注册体系，单独到每一个国家去注册。这需要花费更多的时间和金钱，属于“土豪”的优选项。

对于普通企业来说，还是走国际注册更便捷、经济，只是要记着打好两个基础：一是要先在中国申请注册一个适合在国外使用的商标，最好不是汉字，要方便外国人识别；二是要确保这个国内注册的商标活着，至少活到国际注册满五年。商标国际注册满五年后，就长出了自己的翅膀，可以单飞，不再和国内的基础注册或基础申请发生关系了。

所以，五年对于注册商标来说是个生死存亡的关键期。无论是国内商标还是国际注册商标，一旦活过五年，商标权基本就稳定了。

活过五年既容易也不容易。如果基础厚重，天生基因良好，如商标标识本身选择合法合规、不侵犯他人在先权利，那么承受攻击的可能性就小；或者申请人注意维护商标权利，一旦遇到不良攻击及时保卫自己，被撤销和宣告无效的可能性就小。

一句话，功夫下在平时，基础才能扎实，做事方能如意。我相信，那些善于学习、诚信经营的企业，其商标的国际注册之路也一定能走得顺，走得久，走得远。

95

商标无效率之我见

有人问我：“我的案件到商标评审委员会复审，胜率是多少？如果我们到法院起诉，胜率是多少？”

我一般都会如实回答：“不知道。”

在不知道具体案情的情况下，我不可能知道你的案件赢的可能性有多大。你的案件能不能赢，和之前所有的案件输赢的比率没有必然关系，只取决于案件本身的情况，取决于本案提交的证据所证明的事实，取决于当事人在案件中所主张的法律规定。

这不是否定数据统计的意义和价值。没有人质疑数据的价值和意义，但对数据的应用还要有逻辑做支撑。有些事情是独立事件，如扔硬币，就算你前十次连续扔出了正面，第十一次扔出正面的概率依然是50%。

案件审理就是独立事件。商标评审委员会在审理案件时，从来没有规定过有多少商标要维持注册，有多少商标要宣告无效。审查员在审理具体案件时，也不会考虑案件的结果对最终的统计会产生什么影响。所有的案件都是对具体情况进行具体分析，该怎么审理就怎么审理。会不会考虑前案的因素？也会，但仅仅是从保持法律适用的统一层面来考虑。在案情基本接近的情况下，尽量保持统一的审理标准，做出较为一致的审理结果，以保护行政行为的一致性和稳定性。所以相比于案件结果的统计，具体法条适用的统计可能更有助于判断后来案件的输赢。

但我们依然需要统计，因为可以用来分析这一年来工作的基本情况。比如，IPRdaily 与国方商标软件联合发布的统计表明，2017 年 11 月至 2018 年 10 月期间，商评委公开的评审文书中，无效宣告请求裁定书总共 18723 份，其中，予以宣告无效 9879 件，占比 52.76%；部分维持 2653 件，占比 14.17%；予以维持 6191 件，占比 33.07%。

这个数字可以反映出一个倾向，商标评审委员会态度积极地支持权利人维护合法权利。这可能会影响权利人决定是不是提出维权请求，但对于一个具体案件，诉争商标被宣告无效的概率永远是 50%。因为结论就两种：维持注册，或者宣告无效。

需要说明的是，商标部分维持注册的真正含义是在某些商品上维持注册，在另一些商品上宣告无效，就某一件具体的商品或服务上的商标来说，依然是或者维持注册，或者宣告无效，没有中间选项。

虽然我认为对于一个具体案件的结果是不存在胜率之说的，或者是赢，或者是输。但我也知道维权也是有成本的，权利人关心案件输或赢哪个是大概率事件，是想做出更加有利于自己的选择。

任何人打官司的目的都是赢，都是为了获得利益，虽然利益有时在官司内，有时在官司外。我见过不止一个当事人，明知道会输，还是坚持走完所有程序，把官司一直打到二审。因为他需要时间，需要商标评审委员会的裁定晚一年生效。那么，这起案件对当事人来说就是有利可图的，但对于胜率统计其实是没有意义的。

所以，判断一个维权案件会赢还是会输，要先建立在案件本身的事实基础上，而不是盲目地看统计数据。法院历年维持商标评审委员会裁定结果的判决占80%左右，但这也不意味着你的案件不在那20%之中。

所以，泛泛的统计数据是没有多少参考价值的，只有那些与本案有密切关联的数据才有意义。如在事实较为接近、适用法条相同的情形下，前案输赢的比例，确实可以作为一项判断本案结果的因素。

但事实上，很少有两个完全一样的案件，只要有一点不同，就足以导致案件的结局完全相反。

所以，案件的输赢还是案件本身最终决定。

96

近似商标的或然与必然

前两天做梦，梦见自己在医院做了一系列检查后，医生对我说："你不用做手术了，你得的是阿尔茨海默病，没办法治的。"

听了医生的话，我拼命地想是不是能记得最近发生的事，似乎大部分都记得，于是安慰自己："看来病情不严重，还可以继续生活和工作。"

醒来后，意识到这个梦可能表明自己在担心脑子出问题，就感觉不那么轻松了，我不由地扪心自问：难道我在担心自己不能胜任工作吗？我真的有没办法再工作的可能性吗？

"可能性"，在我看来，真是个分量无限的词，左手一掂轻如鸿毛，右手一量重如泰山。

因为在商标评审案件的审理工作中，经常需要对“可能性”做出判断，比如，两件商标同时使用在同一种或类似商品或服务上，是否容易导致消费者对商品或服务来源产生混淆、误认。

关于这一点，最高人民法院关于“赊旗”商标无效宣告一案的行政裁定书中是这样表述的：“需要指出的是，认定争议商标与引证商标构成使用在相同或类似商品上的近似商标，并不以相关公众已经发生实际混淆或误认为前提。”

该案中，第 10794094 号争议商标、引证商标一、引证商标二分别如下，三件商标指定使用的商品均为酒等。

争议商标

引证商标一

引证商标二

由于商标评审委员会、法院一审及二审均支持了河南赊店老酒股份有限公司的无效宣告请求，对河南金祥酒业有限责任公司的争议商标“赊旗及图”宣告无效，河南金祥酒业有限责任公司向最高人民法院提出了再审请求。

最高人民法院的行政裁定书称：“争议商标申请注册的商品与引证商标一、二核定使用的商品，均为酒类商品。争议商标为图文组合商标，显著识别部分为‘赊旗’二字。引证商标一由文字‘赊’构成，引证商标二的显著识别部分为‘赊店’二字。争议商标与引证商标在构成上虽然存在其他差异，但综合考察商标构成各要素对于相关公众判断识别的影响，前述相同或近似识别部分的存在，足以导致相关公众产生争议商标与引证商标整体近似的印象。

“争议商标与引证商标中使用的‘赊’‘赊店’及‘赊旗’文字，虽因与河南省社旗县特定历史文化典故关联而具有特殊意义，‘赊店’或‘赊旗’亦因历史文化典故而闻名，但不能因为引证商标包含‘赊’‘赊店’文字而否认其作为注册商标具有的指示和区分功能。根据原审法院查明的事实,引证商标二赊店’作为酒类品牌在争议商标申请注册之前，已经具有较高知名度。如果争议商标与引证商标共同使用在酒类商品上，客观上容易导致相关公众对商品的来源产生混淆或误认。因此，原审法院认定争议商标与引证商标构成使用在相同或类似商品上的近似商标，属于依法应予宣告无效的情形，符合法律规定。”

结论当然是驳回了河南金祥酒业有限责任公司的再审申请。

本案中，虽然河南金祥酒业有限责任公司一再强调没有证据证明在实际使用中发生了混淆、误认的事实，但河南赊店老酒股份有限公司提供的证据还是让四级审理人员均认为存在发生混淆的可能性。

所以，对于案件当事人来说，最重要的事情是说服审查员，某两件商标同时使用时，有多大的可能性易或者不易导致消费者对商品来源产生混淆、误认。

怎么说服？当然是摆事实，讲道理。事实要用证据来证明，道理要用逻辑来讲清。这不容易，所以也显示水平。

审查员一半的讨论都是在讨论“可能性”，然后以少数服从多数的方式做出结论。但对于情况复杂多变的商标来说，即使经过了审慎的讨论和理性的分析，也没有人敢保证基于可能性做出的结论一定是符合客观实际的，有压力也是自然而然的事情了。

特别是有时作为少数派，不能坚定地相信这种可能性时，内心的挣扎偶尔就会强烈到怀疑自己能不能胜任这份工作。

但梦到自己得了阿尔茨海默病，似乎这压力也太大了点。

97

代理注册：一锤子买卖

我家离宣武医院很近，无论是背疼还是胃疼，感冒还是耳鸣，我大都选择去这家医院。在不同的科室，遇到的医生自然不同；在同一个科室，上一次和这一次遇到的医生也经常不同。

所有去过医院的人都和我一样清楚，每一次挂号都是相当于和医院及医生签订的一次性治疗合同，二者建立的医患关系仅一次有效。就算每次总是找同一个医生看病，也必须每次都重新挂号。没有谁会认为一个医生或者一家医院从自己第一次看病后就应该一直负责自己以后所有的医疗问题。

商标注册也一样，并不因为你在最初提出商标注册申请时委托了某家商标代理机构办理，从此该商标代理机构就理所当然地可以负责后续程序中的其他事宜。委托商标代理机构办理商标注册申请的代理关系仅一次有效。

在商标授权确权过程中，可能会发生多个程序，但每一项程序都是独立的。比如商标初步审定公告后，如果被他人提出了异议，那么异议案件就是独立于注册申请进行审理的，所以注册申请时的商标代理人不能被视为异议案件的代理人，必须重新委托授权，再次提交代理人授权委托书。

特别是三年不使用撤销程序、无效宣告程序都是由他人提出申请而启动的，商标局或商标评审委员会在发送答辩通知时，并不知道也不确定你在这个具体案件中的委托代理机构是哪家，只会直接按照商标档案上的地址寄送，收件人也是商标注册人自己。所以就算你把所有商标注册维护事宜全部交由某家商标代理机构办理，也绝不能忽视来自商标局或商标评审委员会的信函。

在“BRIAN ATWOOD”商标撤销三年案件中，商标所有人东莞红某公司因没有收到商标撤销决定书而感到委屈的另一个原因是，他们在商标注册申请时委托了商标代理公司，认为后续的事宜也都应该由这家代理公司负责，商标局应该通知这家代理公司。

就这个问题，该案中北京市高级人民法院的判决是这样说的：“东莞红某公司虽然在诉争商标申请注册阶段委托了商标代理机构，但没有证据表明其在诉争商标撤销程序中也委托了该代理机构。商标申请人在申请注册阶段委托的商标代理机构的代理权限仅在申请注册程序中有效，不能当然延及该商标的后续程序之中。在诉争商标撤销程序中，该代理机构没有权利也没有义务代替东莞红某公司收取法律文书，商标局也不应当主动向该代理机构送达法律文书，除非东莞红某公司重新委托该商标代理机构。在东莞红某公司未委托代理机构、且邮寄送达因拒收逾期退回的情况下，商标局通过上述方式无法送达，依照相关规定可以通过公告送达。因此，商标局通过公告方式送达第 ×× 号决定符合法律规定。”

需要特别说明的是，商标注册人在商标注册申请及维护的多个程序中可以始终委托一家商标代理机构办理，也可以分别委托不同的商标代理机构办理，更可以不委托商标代理机构自己办理。

但不管如何处理，权利人一定要懂得商标注册申请及维护的基本常识，并在遇到较为复杂的专业问题时向专业的法律人士寻求帮助，毕竟在每个程序中，赢得案子才是最重要的。

98

企业的答案：优秀商标代理人

在一次由雅闲茶艺馆、知产力和月梅工作室合办的公益沙龙上，来自不同岗位的朋友们结合自身实践畅所欲言。两小时提供的素材，至少够我写 8 篇商标文了。我真是赚得盆满钵满。

一位朋友的发言让我受益良多，他说："我们目前要解决的不只是焦点问题，还需要解决最基本的普遍问题。而普遍问题来源于我们每一个企业和代理公司，存在于各种博弈关系中。太专业的理论问题确实不是企业经营者需要了解和学习的，他们需要的是答案。"

作为企业法务，他的话应该代表了企业的需求：他们需要的都是答案。

企业需要的不仅是答案，而且是合理的答案。一个错误就可能导致一个商标维权故事，从省下 300 元注册费开始，到多花 100 万元诉讼费结束。

比如在商标注册申请时，商品选择错误或选择不周全。举一个维权官司——"鲍师傅"糕点案作为例子。2013 年 4 月，北京鲍才胜餐饮管理有限公司（以下简称"鲍才胜公司"）提出"鲍师傅"商标的注册申请，指定使用在第 30 类糕点、蛋糕、面包、饼干等商品上，2014 年获准注册。直到 2016 年 10 月，鲍才胜公司才在咖啡馆、饭店、餐馆等服务项目上提出"鲍师傅"商标的注册申请，但已经晚了。

因为在 2015 年 9 月，北京易尚餐饮管理有限公司（以下简称"易尚公司"）

就已提出了在第43类茶馆、咖啡馆、流动饮食供应、餐馆、餐厅等服务项目上的商标注册申请，并获准注册。

糕点和餐馆是不同的商品和服务，一般情形下可以同时注册相同或近似的商标。但在同一种或类似的商品或服务上，如仅在糕点上，或者仅在餐馆上，却不能同时存在相同或近似的商标。因此，鲍才胜公司在餐馆服务上的“鲍师傅”商标注册申请被驳回。

鲍才胜公司提出了申请复审，同时对易尚公司在餐馆上在先注册的第17899096号商标提出了无效宣告申请，而易尚公司又对鲍才胜公司在糕点上在先注册的第12484211号商标提出了无效宣告申请，两案件都在商标评审委员会的审理程序中。

官司不仅仅是在确权领域，被炒得沸沸扬扬的真假“鲍师傅”糕点之争，说明在商标使用领域的纠纷更加严重。我想如果鲍才胜公司当初能够同时在餐馆服务上也申请注册“鲍师傅”商标，起码案件不会变得这么复杂。

我不了解当初鲍才胜公司注册商标时的情形，但看起来他们没有及时得到更合理的答案。要求一个做糕点的人懂得《商标法》，显然不现实，但要求商标代理人给出更合理的答案却是应该的。

沙龙中，几位做维权诉讼的律师感叹，最初注册商标时商品选择的不正确或不周全，给后期维权工作带来太多困难和无奈。而工商行政管理部门的朋友则表示，执法只能按照商标注册证所标示的商品范围进行。

99

请还是不请，这不是一个问题

一个朋友向我咨询一件商标无效宣告案件，她是答辩方。我了解了基本案情后实言相告，如果我审理这起案件，会对商标宣告无效。她听后很失望，说："反正也要输，就没必要请律师了吧？"

我说："一定要请。虽然请律师也基本会输，但这么输和那么输，对生活的意义是不一样的。就像一个杀人犯，结果一般都会被判死刑，但如果杀人是出于无奈、愚昧、复仇、自保等情形，那么这个杀人犯的亲人会得到社会同情，依然能正常生活，而如果这个杀人犯是一个蓄谋已久、冷血无情的人，他的家人从此都会让人避之唯恐不及。律师可能救不了杀人者的命，但可以救他家人的生活。"

我之所以这样说，就是因为她非常委屈地说了一大堆注册这件商标的理由，听起来着实让人同情。在商业经营中，有着很多的是是非非，有时就表现在商标注册的行为中，而一件商标的注册有时还真不能代表你整个人的品性。

所以，如果一件商标一定会被宣告无效，是因为恶意抢注他人商标，还是因为不懂法律、无意冒犯，对于当事人来说还是相当重要的。因为裁定或者判决都会白纸黑字地公开在网上。在区块链时代，对于以后的商业合作伙伴来说，这就是对你诚信状况的重要记录。

有时，一个人做的事可能是错的，但其人品是没有问题的；有时，一个人做的事看起来合法，但其人品却不敢恭维。法律和道德从来不在同一水平线上，说什么事不违法就可做的人，最好躲得远远的。事实上，我还没在生活中见到过对道德没有要求的人，哪怕是真正的坏人，也希望交往的都是圣人。

圣人我也没见过。我见过的大多是普通人，追求诚实、善良地生活，难免偶尔犯个小错。只是在法律案件中，对抗方为了赢得案件往往会放大这个错。这时，抗辩就需要说明事实，讲清理由。

但这并不容易，因为法律事实并不直接等同于客观发生的事实。法律事实需要证据来确认，这绝对是个技术活儿。用哪些证据，通过怎样的逻辑推理，得出什么样的结论，这真不是一般人擅长的。特别是对于缺乏严谨逻辑思维传统的中国人来说，要做好这件事是相当难的。专业的事需要专业的人来做。

这里举的例子可能比较极端，从法律的角度来说结论较为明确。但生活中的事在更多的情况下是模糊的，不是非左即右。尤其在判断两件商标共存引起相关公众混淆的可能性问题上，在判断商标注册人是否存在主观恶意的问题上，证据和说理就显得格外重要。如何说服审查员、法官，让其相信你说的是事实，确实是对能力与水平的考验。

法律案件离不开对法条的理解和适用。如果普通人看几遍法条就全懂了的话，就不需要开办那么多法学院了。法律真的是一门需要专门学习并通过实践来掌握的学问。和普通人相比，与学法律专业出身的审查员和法官沟通，肯定是同样学法律出身的律师更容易些。

大部分人不请律师的原因是，请律师要花钱，而且请到不靠谱的律师还要白花钱。一说到钱，事情就更复杂了。有没有钱花是一回事，要不要花钱是一回事，钱花得值不值又是另一回事。细说下来，怎么请律师也是一门学问，毕竟律师的水平也良莠不齐。

无论哪个行业的人，水平都有高有低，德行都有好有坏，这还真不能成为不请商标代理人或律师的理由。

100

识别不靠谱商标代理人的五个诀窍

由于商标案件的复杂性，我总是建议申请人委托商标代理人或律师办理相关确权或侵权事宜。又由于商标代理人鱼龙混杂，少数不靠谱的商标代理人胡说、欺骗，损害了当事人的权利。于是就总有人问我：怎么判断哪个商标代理人靠谱？

不靠谱的人在哪行哪业都存在，只不过因为商标行业没有设置门槛，属于入门简单、学好难的专业，容易让一些知道点皮毛的人不知深浅地招摇过市。其实那些真正钻研多年的行家，深知商标案个性十足，需要根据具体情况具体判断，对症下药，没有包治百病的灵丹，谈起商标来都非常谦虚。

找到靠谱的商标代理人绝对重要，只是靠不靠谱不是一眼就能识别的，还得日久见人心。迅速判断一个人是靠谱的，我还真没这个本事。但怎么一眼识破不靠谱，倒是可以说几句。有以下这五种表现的，基本可以判断其不靠谱。

一是承诺商标包过的。商标能不能注册，决定权在于审查员，不是代理人说了算的。业务水平过硬的代理人确实可以做出较为准确的判断，但由于在先申请十天之内的商标没有上网，所以这十天的申请商标是查不到的，没有人知道这十天里是不是有在先的相同或近似商标提出申请，所以不能注册的风险始终存在，“包过”是没有依据的。承诺包过的不是无知狂妄，就是有心欺骗。

二是声称商标局内部有人的。有人好办事，是大多数中国人的思维习惯。但商标审查规范和职业道德是非常严苛的，各个流程的承办人，其操作都会在网上留痕，一旦出错，事后会追责，谁也不敢乱办事。商标审查员有上千名，商标审查和案件都是系统根据时间先后随机分案的，审查员自己都不知道会审理哪件商标，代理人就算认识某个“内部的人”又能怎样？一样该怎样审理还是怎样审理。过了，那是本来就应该过，和有没有人没关系。

三是说第35类服务是万能类，一旦注册，啥都能做。商品区分表中的第35类服务是指广告、商业经营、商业管理类服务，对这些服务具体在实践中包括了哪些内容一直有争议。但绝不是说商标不注册第35类的服务就不能开店，不能卖自己的东西，不能做自己的广告。也不是说注册了第35类服务的商标就可以想做什么就能做什么。企业可以不懂第35类具体指什么，但只要代理人说这类万能的，基本不靠谱。

四是承诺加急办理的。商标审查没有加急这回事，也没有设加急这个流程。所有案件都是按照案件申请时间先后审理，审理结果都会予以公告。同时申请的商标基本在同一时间段审理，相差时间在几天之内，属于合理区间。之所以存在同时申请的案件审理时间有早有晚的现象，是因为有的案件证据交换流程长，有的证据交换流程短。因为在需要交换证据的双方当事人案件中，程序是必须完成的。说是等三个月补充证据的时间，就必须等够。早一天审理，也是程序违法，绝没有审查员会明知故犯这样的低级错误。

五是号称能提前知道结果的。不少代理人对我说，客户总是接到其他代理所的电话说，提前知道商标已经驳回了，让客户换代理人。其实这就是个概率游戏。由于在先注册商标量巨大，所以申请商标被驳回的概率很大，两件商标中就有一件可能被驳回。有些人就利用概率游戏骗人，打电话给申请人说其申请商标被驳回了，总会有一些蒙对的。最后真被驳回的注册人急了，信了，大声嚷嚷，听见的人一大堆；没被驳回而获准注册的人，却只是低声说一句“骗子”，谁也没听见。再说，一个提前知道结果的人，摆明了是不走正道的，怎么可能靠谱？

至于服务费用的高低，完全是市场行为，属于你情我愿的事情。愿意少收自有其少收的原因，愿意多付也有其多付的理由，大家都是在市场经济中生活的人，谁都知道定价的基本原理。

最后要说的是，在商标局备案的商标代理机构（包括律师事务所）都可以在商标局官网上查到。虽然备过案也不能保证其做事靠谱，但不备案的更可能不靠谱。查一下还是值得的。

后 记

从2015年至2019年年初，我在自己的公众号“张月梅的商标文”上写了150多篇商标普法文章，总阅读量已超过百万。本书精选了其中的100篇，基本涵盖了商标授权确权的相关程序和实质审查的重要内容，这些都是品牌法律保护的入门知识。

我写这些文字的初衷，是想让品牌创建者少面临一些法律风险。在商标评审委员会工作期间，我见过太多因当事人不懂商标法的基础概念而付出惨重代价的案例。我认为这些损失完全可以避免，所以想努力用通俗易懂的文字给非专业人士普及一些法律常识。

支持我写公众号文章的最大动力，是我每天都会收到的读者的鼓励和支持。目前我的微信公众号粉丝包括创业者、企业法务、商标代理人、律师、行政执法人员和众多普通消费者。每一位读者的点击、阅读、赞赏、转发都是推动我前进的力量。

写作让我受益良多，其中最大的收获是把自己写成了商标圈里“独一无二的月梅老师”。我真的很高兴能成为法律人中的一位写作者，甚至很想以普法为职业。现如今，民众的权利意识已经提高了，但还没有建立起基本的法律概念和法律思维框架，这导致了很多本不该发生的法律纠纷，浪费了大量的财力、人力，以及行政和司法资源。

我希望通过自己的小小努力，能让这个世界变得更美好。若能如此，一生足矣。

最后需要说明的是，书稿交付时，正值商标行政审查机构改革，不再保留商标评审委员会，商标评审业务并入国家知识产权局商标局，并使用最新的业务印章，新业务印章由“国家知识产权局”加具体业务类型组成。但在《中华人民共和国商标法》重新修订前，相关的商标审查程序和审理标准不会发生实质变化，本书提出的观点和案例也依然适用。为了保证行文流畅，本书提及的商标评审委员会等单位仍沿用原名。

谨以此书向商标评审委员会致敬！

感谢！感恩！

张月梅